U0549956

天下文化

BELIEVE IN READING

一輩子的問題

清華校長高為元
與你一起談生命的關鍵轉折

高為元——著

小時候的我和媽媽

CONTENTS

第二部

沒有人是孤島——關於與人連結

每一次與人交會的當下，都是非常可貴的時刻。
也許我們應該停下腳步，體察日常生活中看似普通平凡卻稍縱即逝的美好時刻，也爲生命中的重要他人做一點什麼。

第三部

每個人都是那隻蝴蝶——關於世界一份子的責任

人與人之間往往互相影響，不要給他人或自己貼標籤，更不要把自己框在一個小圈圈裡。
永遠保持思想上的彈性與開放，樂於理解與學習，擁抱不同。

出版者的話

清華人要在「AI時代」做好一輩子的準備

高希均

清華大學高為元校長的經歷豐富又獨特。十歲時，因父親外派到美國，舉家遷移到華盛頓特區。十六歲時，父親外派地點調到荷蘭，他獨自留在美國完成高中學業，自己再申請大學，展開獨立生活；並申請到著名的約翰．霍普金斯大學（The John Hopkins University）生物醫學工程系。然後又在凱斯西儲大學（Case Western Reserve University）取得碩士、博士學位，專長是生物醫學工程領域。

一九九八年起，他任教於美國威斯康辛大學麥迪遜分校（University of Wisconsin–Madison）達十七年，期間還斜槓成為創業家，將自己深具潛力的研究成果申請專利和技術轉移，打開人生中另一個平台。二〇一五年，他任香港大學副校長，親眼見證香港經歷反送中、COVID-19疫情等歷史事件。

高校長足跡橫跨多個國家，在不同文化背景中浸潤多年，他的學識、見解與胸懷，培養出了他在全球化中可以貢獻的角色。

他原本就有很多工作的選擇，最後決定於二〇二二年五月回台灣，接任國立清華大學校長，藉著多年國外經驗與堅定的理念，帶領清華邁步向前。這眞是台灣教育界及年輕一代的運氣。

高校長有著開放的人生觀，他總想到不同的地方，貢獻自己的所學，也豐富自己的視野，台灣清華便成了他香港之後的探尋與思索之旅的下一站。

他的經歷，使他對教育、對人生有著獨到而深刻的理解。他認爲，我們應該永遠保持思想上的彈性與開放，不局限在固定思維裡；他還不斷自問：「是不是還有新的可能或學習？」「我能否對世界帶來更多貢獻？」

他也非常重視生活中的「平衡」，工作繁忙之餘，他會去跑步、騎腳踏車，或是做一些重量訓練，這是他自我對話的重要時刻，維持身心健康。由於工作、求學的關係，高校長一家人分處台灣、香港、英國和美國，不過家人之間關係緊密，約定台灣時間每天晚上八點透過視訊通話，維繫感情。這眞是非常難能可貴的「家庭」時間。

在這本書中，高校長委婉的向我們提示三大重點：

認識自我：「認識自我」是一場沒有終點的旅程。我們應該保持好奇心，勇敢探索未知世界，過程中就能更認識自己。

與人連結：他認爲沒有人是孤島。他在清華推動「明燈計畫」，邀請校友、退休教師擔任「引路人」，爲面臨困境的「尋路人」提供指引。生命中的貴人，有時需要勇氣，主動去敲門才能尋得。

世界一份子的責任：培養宏觀的思考，探索各種問題的可能性，成爲世界公民，參與世界解決問題。

高校長以自己走過的路，告訴年輕學子如何認識自己、了解自己，勇敢看清楚每個選擇背後的動機，多方嘗試、接觸不同面向，才能迎向快速變動的AI時代，爲未來做好準備。

對高校長這些充滿遠見的建議，我完全同意。面對AI時代的劇變，我勉強再補充四個宏觀心態：中華情、科技腦、人文心與世界觀。

（作者為遠見・天下文化事業群創辦人）

一自序一

做出新選擇，踏出新的第一步

這本書起源於我和遠見．天下文化事業群創辦人高希均教授的一次談話，那時我剛上任清華大學校長不久，高教授和我都有美國威斯康辛大學系統任教和多年海外生活的經驗，我們談得十分投契，話題很快轉向自我認識和身分認同。高教授說：「何不將這些感悟寫成一本書？」感謝他對我的信任和鼓勵，也感謝天下文化同仁的投入，給我一個分享生命體驗的平台。

嚴格來說，這不是一本自傳，內容章節也沒有按照時間排序。我想從最簡單、最基本的命題說起。

比如第一部，關於認識自我，關於「做你自己」，看來稀鬆平常，做起來實在不易。

我們每天面對的都是一連串選擇，小至三餐吃什麼，大如畢業後的職業取向。周圍的人不斷提供建議，又有五花八門的各種資訊、諸多專家的分析，源源不斷出版的勵志書，太多聲音告訴我們要怎麼想、怎麼做。在資訊爆炸的時代堅持聆聽內心聲音，做出屬於自己的選擇，實在太難了。

人的本能是懼怕艱難，逃避問題，傾向選擇最平坦的路，但未來無法預料，誰能保證現在看似平坦的路未來會一路順遂？但未來也並非完全不能控制，我們現在的努力何嘗不是爲了將來有更多主動權？

我在書裡反覆強調改變思維方式和角度的重要，或許可以試著避開世人眼裡最平坦的路，選擇適合自己、更能激發個人興趣和勇氣的難題。選擇難題，就是選擇自己的路。用心選擇的過程中，請先傾聽內心聲音，不要用別人的尺來衡量自己的價值，才能發掘潛藏於內心的勇氣，成爲奔赴目標的原動力。

第二部的標題「沒有人是孤島」簡單明瞭，不妨以常見的「六度分隔理論」爲尺，衡量自己與他人的連結。

我們和任何人都能有不同程度的連結，儘管雙方距離遠得像活在不同世界。不能小看自己做的每個選擇，再小都會影響他人，同樣的，他人的各種選擇和舉動也會或深或淺影響我們。

我想大家都有陷入低谷的時候，會盼望有人伸手將我們從困境解救出來，片言隻語或舉手之勞，都是身處困境之人重燃希望的契機。了解人與人之間這個互動關係，就是了解每個人擁有的力量和責任，我在第三部談到的「蝴蝶效應」就是這個意思——細微的個人牽動著全體。

若要看到細微和全體之間的關聯，必然要拓寬、放大視野。「藍色彈珠」（The Blue Marble）是我童年記憶裡最著迷的圖像，這是美國「阿波羅十七號」在一九七二年十二月七日從太空拍到的地球，也是人類首次從地球之外清楚拍到這個大家園的整體面貌，每個人的家彷彿飄在蒼茫無際的宇宙中。

很多人看到這張照片時，可能會聯想到地球好圓、好藍、好亮、好大或好小，如今的我則會想到：有時候我們要有勇氣做出新的選擇，踏出新的第一步，畫出新的地平線，只有這樣才能到達以前無法抵達的目的地。一旦走遠了，回頭望去，才能清晰看到起點，才能理解家的含義，才能思考自我定位：我是誰？我在哪裡？我還要往哪裡去？

在我五十多年的生命裡，爸媽當年的行動和選擇對我影響巨大。回台灣任職清華大學校長這將近一千個日子裡，我與妻子及兒女聚少離多，但他們一直支撐著我的世界、我的所有。

這本書獻給我的家人。

01

第一部

一場沒有終點的旅程——關於認識自我

自我探索是沒有終點的旅程，
對每個人都深具意義。
需要知道核心的「我」，
才能平穩安和的面對不斷變化的外在環境。

第一章　爸媽爲我做過最棒的事

這幾年，對爸媽說過好多次，他們爲我做過最棒的事，是在我十七歲那年他們移居歐洲時，決定讓我獨自留在美國生活。每次回想這件事總是心存感激。除了給我發展自我的空間，美國和歐洲兩地的時差，還讓我保留一些緩衝時間。這段自由探索的歷程十分珍貴，是我迅速成長無可取代的契機，雖然並不是爸媽刻意設計，而是他們斟酌利弊後的妥協，是他們在有限條件下所做出的艱難選擇。

從我在大學任教、出任行政職，再到現在擔任校長，常被問到爸媽對我的教育方式。尤其知道我每天凌晨五點起床，維持健身習慣多年後，許多人總是很好奇他們是不是十分嚴格，我才會這麼自律。大家最想知道的，就是他們是不是對我的課業和表現有非常多期待和要求。

自由探索的無憂童年

我家是七〇年代台灣社會很常見的核心家庭，爺爺是跟著國民黨政府來台的退伍老兵，媽媽的家族則是典型的本省家庭。

當時我們一家人住在台北市的眷村裡，雖然沒什麼錢，但因爲大家都很窮，所以我從來也不覺得有什麼匱乏。那時台灣經濟即將起飛，每個人都積極工作，努力賺錢，我的爸媽也一樣。

爸爸是位公務員，由於擔任業務工作，常需要應酬，印象中他回到家都很晚了，我們互動的機會不多，只記得他總是看起來很疲憊。

媽媽從事會計工作，那個時代女性無論有沒有正職，都要一肩扛起家務，媽媽下班回到家，還得張羅一家大小的日常生活，非常辛苦。

小學前，我們一家四口和爺爺奶奶一起住，之後才搬到永和。我和妹妹就讀離爺爺奶奶家不遠的台北市東門國小，每天搭公車上學。爸媽都要上班，放學後我和妹妹總是先回爺爺奶奶家，等媽媽下班來帶我們回永和，有時候她加班，兄妹倆就在爺爺奶奶家吃晚餐。

爸媽的工作很忙碌，沒有太多時間管我和妹妹，我們有很多空間和時間能夠自由安排，放學回爺爺奶奶家可以看電視或做功課，如果選擇看電視，晚上回家吃完飯，就得趕在上床睡覺前完成作業，要不然隔天上學交不出來，就會被老師罵。

媽媽下班後趕到爺爺奶奶家帶我和妹妹擠公車回永和，好不容易進了家門，又匆匆忙忙煮晚餐。雖然她不時提醒我們要做功課，可是她已上了一天班，還一邊忙著做飯，一邊整理家務，實在沒太多時間和氣力了，但我們好像不知不覺中，就養成自動完成分內工作的習慣。

我也經常跟眷村裡的小孩玩得不亦樂乎，小男孩又野又皮，難免跌倒受傷，有幾次摔得滿慘，但大人並沒有因此阻止我去撞、去探索。這些摸索的過程讓我體驗到，要完成一件事情，其實有很多種方式。

尊重每個人都是獨立個體

爸媽給我很大的自由，也影響了我日後對孩子的教養態度。我太太心村和我的成長歷程有很多相似之處，我們都早早就開始獨立生活，所以對於教育孩子的觀念也很相近。心村十五歲跳級以第一志願進入北大中文系，自此離開家鄉杭州，隻身到外地就學，班上同學至少都比她大上兩、三歲，因此她的個性十分獨立。對於兩個孩子的教養，我們一向尊重他們是獨立個體，只要確定人身安全無虞，並不會干涉太多。

無論是父親的家族或是母親的家族，我都是我這一代第一個出生的孩子，從小就享有很多長孫才有的福利（也因此比妹妹多吃了很多雞腿）。爺爺、奶奶、外公、外婆都很疼我，也以我爲傲，但從小到大，我幾乎不曾因爲家人的期待，而有過什麼壓力。

一直以來，爸媽對我的課業都沒有太多要求。雖然和大多數父母一樣，他們也希望小孩能夠比自己更出色，爲了孩子好，他們辛苦一點，甚至做些犧牲都沒關係，這就是天下父母心。

記憶中，我從來沒有因爲要滿足爸媽的期待，而去做自己不想做的事，或是按照他們的意願選擇人生，他們也不曾因爲我不做什麼，就責怪我辜負了他們的付出，或提出要我讀博士或賺大錢的要求。或許他們心裡也有過某些想法，卻不曾把那樣的期望強加在我身上。

一個人留在美國

幾乎所有駐外人員都一樣，派駐到世界各國，都只是一段或長或短的停留。所以我們從爸爸第一次外派到華盛頓哥倫比亞特區起，就知道必定會有離開的一天，每一站都只是暫時駐足，任期一到，就得往下一站遷移，無論我們多麼想繼續待下來，頂多展延個一、兩年，最終還是要離開。

回想起來，爸爸的工作應該不是很容易。即使知道不會在一個地方長久待下來，但身爲駐外人員的眷屬，也只能如常生活，盡量好好過日子。就如同人生的終點無非死亡，但不代表一出生就要開始安排身後事，只能把握每一天，該上學就上學，該上班就上班，讓每件事都有占據我們心思的意義與價值。

搬到美國那一年是一九七九年，我正在念小學五年級，時空背景和現在十分不同，台灣在國際舞台上的角色有限。爸爸的工作好像是五年或六年輪調一次，在華盛頓特區期限快要到的時候，我們被告知下一站是荷蘭海牙。那一陣子不時就聽到爸媽在討論接下來應該怎麼安排比較合適。妹妹年紀小，還沒面臨升學轉換的問題，爸媽沒有考慮太久，就決定帶著她一起去荷蘭。

思考要不要帶我一起去荷蘭，就不是那麼簡單了。當時我已經高中二年級，很快就要申請大學，爸媽考慮讓我一個人留在美國，也想過讓我回台灣。只是我在美國受的中小學教育和台灣的教育體系銜接不上，這個選項就被排除了。

至於我也一起去荷蘭的這個選項，考量歐洲和美國的教育體制不盡相同，又有語言溝通上的限制，還要花一段時間摸索，未必能如期升上大學，所以也不是理想的選擇。

美國高中生要申請大學，必須及早準備ＳＡＴ測驗，若是太晚決定下一步，可能因爲ＳＡＴ準備不足而影響成績。在衡量各種因素，分析利弊得失之後，雖然非常捨不得，爸媽最後決定讓我一個人留在美國完成高中學業，畢業後申請美國的大學就讀。

展開獨立生活的練習和準備

當時我雖然只是高中生，卻自認已經是大人，滿心以爲我對世界的面貌有了足夠的認識與了解。所以當爸媽積極討論怎麼安排才好的時候，我總覺得自己一個人不成問題。

爸媽想得自然比我更深、更遠，尤其是非常捨不得我獨自生活的媽媽。他們考慮了幾種可能性，其中之一是寄宿在相熟的親友家，雖然親戚朋友人都很好，終究是寄人籬下，家裡多了一個外人，親友的日常生活難免受到影響。一向思慮周全的媽媽甚至想到，要是親友家的小孩過生日，要開生日派對或出去吃飯，我是會受邀同行呢？還是獨自留在家裡呢？等到我生日時，親友會不會有壓力，覺得要爲我做些什麼才行呢？

再說，還有很多日常生活習慣要適應。我當時食量很大，胃口超好，每天晚上都要吃宵夜。媽媽考慮到要是我想吃宵夜，是不是可以像在家一樣，隨時打開冰箱，看到想吃的就拿來吃。如果只是在別人家待一個週末也許還可以，如果是長住一、兩年，恐怕就不能這樣隨興，以免增加親友負擔。

雖然都是瑣碎的小事，但實際一起生活，都可能造成彼此的困擾。那段期間，我經常看到爸媽小聲又嚴肅的討論諸如此類的細節，有時他們的表情看起來很苦惱，想來確實是很難下決定。

後來爸媽找到讓我獨自在美國生活的合適安排。他們輾轉認識幾位在美國念研究所，住在大學宿舍的台灣留學生。因爲宿舍還有空床，他們也同意讓我入住，如此一來，我的住宿問題得以解決。至於其他日常生活的衣食交通，就必須由我自己負責。畢竟研究生的課業繁重，哪裡還有餘力照顧一個陌生青少年的生活起居。

決定讓我留在美國後，爸媽開始積極安排相關事宜，比如讓我學開車，取得駕照。在美國生活，車子是必需品，因此從高一開始，學校就有教學生開車的課程。多數人在十五、六歲就陸續取得駕照，我也在這個時候學會了開車，正式拿到駕照。

至今我還記得當年住宿的研究生宿舍「奧爾本塔」（Alban Towers），就位於地點極佳的的威斯康辛大道（Wisconsin Avenue）和麻薩諸塞大道（Massachusetts Avenue）交叉口。

麻薩諸塞大道是著名的大使館街，幾乎全世界的駐美大使館都在這條路上，台灣的駐美代表官邸「雙橡園」（Twin Oaks）也離這裡不遠。我是天主教徒，華盛頓特區著名的天主教堂也在附近，很是理想。美中不足是我的高中在郊區，每天開車來回至少一個小時。但我認爲這個安排確實很不錯，既省去寄宿在親友家的顧慮和彆扭，也讓我可以專心準備申請大學。當然，最棒的是我還有了似乎無限的自由。

畢業後我離開了華盛頓特區，後來只要有機會回去，一定會繞去當年住宿的地區看看。如今奧爾本塔已經成爲熱鬧的商業大樓，早已不是學生宿舍。它是一棟老建築，當年住在裡面時，經常得面對各式蟑螂蟲蟻的攻擊。

最終決定讓我留在美國，對爸媽來說十分艱難。只是這個決定似乎是當下最好的選擇，有一群台灣留學生幫忙照應，萬一發生什麼事，至少有人可以就地支援。我也找到一份在牙科診所的兼職工作，生活應該不成問題。事實也證明，那段時間我每天的生活就是起床、開車、上課、打工，回家後煮飯、做功課，規律也守分的做好自己的工作。

終身難忘的教訓

起初自己獨立生活，並沒有特別吃力的感覺，一切都是那麼新鮮有趣。不過後來陸續發生一些事情，讓我從中學到終身難忘的教訓。

我獨自在美國生活的第一年就出了車禍，當下只覺得：「我完蛋了！眞的完蛋了！」肇事原因是我車速過快，煞車不及撞上前車，幸好人都沒有大礙。人雖然沒事，但車子撞得滿慘的，我擔心賠不起，又煩惱對方要告我，甚至害怕因此一輩子負債……。幸好雙方都有保險，只是車子受損嚴重，導致日後汽車保險的費用大幅增加。

還有一件現在想起來很好笑，但當下讓我懊惱不已的事情。

一九八〇年代銀行剛開始推廣提款卡，我也申請了一張。爲了不超支，我每星期只提領二十美元，做爲接下來一星期的生活費。有一次提款，我不小心多按了一個「0」，ATM吐出兩百美元，我心想：「糟糕！」哪裡知道一看明細表，存款總額居然一元也沒少。這下子我一方面好奇，一方面也貪心，又領了一次錢，果然存款金額完全沒少。

可能是平時省錢很辛苦，我居然天真的以爲可以趁機發個小財，還想說事後如果銀行追究，我可以拿出明細表，告訴他們這是提款機印出來的證明，不是我的問題，根本沒想到攝影機把我的行爲都拍了下來。

幾天後，銀行果然來電詢問，告知銀行系統出問題，所以我那天在ATM交易後，帳戶餘額顯示有誤，其實存款幾乎領光了。我只好尷尬的打電話告訴爸爸這件事情，請他匯錢給我，否則我接下來幾個星期的生活費沒有著落，結果爸爸在電話裡狠狠訓了我一頓。

學到幾次教訓之後，我變得謹慎許多，強烈意識到自己做的每個決定都必須自我負責。一旦做出的選擇帶來超過自己能夠控制的後果，就可能會有難以預料的複雜效應跟著發生。

發生這種事，爸媽當然會生氣，但他們知道我肯定嚇壞了，所以也很糾結，一邊氣惱，一邊又捨不得我年紀那麼小就要一個人面對這些事。

多年後回頭看，因爲當時跟爸媽的時空距離，迫使我必須獨自處理後續事宜，讓我從中學到很多。如果這件事情發生時，不要說跟爸媽住在一起，就算我們分處美國東、西岸，只要他們還在美國，整件事情的處理方式和後續行動，絕對完全不一樣，我或許也就不會從中得到那麼多教訓和經驗。

一起瘋狂玩，也一起探索未來

高中時我最要好的朋友是 Kohei，他是日裔美籍第二代移民。那時我們幾乎天天都混在一起，我常常去他家串門子，每次留在他家吃飯，都能吃到跟我自己煮的完全不一樣的美味日本家常菜。

Kohei 的爸爸是嚴謹的科學家，媽媽是傳統家庭婦女。Kohei 在美國出生長大，日文不怎麼樣，不過家教很嚴格，舉例來說，他從小到大都由媽媽理髮，人生第一次在外面剪頭髮，還是高二那年，我帶他去那種很便宜的理髮廳剪的。

那天剪完，Kohei 整個人都呆掉了，他看著鏡子裡的自己，傻傻的說：「This is crazy hair cut! So fashionable!」但我心想這不就是一般的西裝頭嗎？跟他媽媽剪的好像沒什麼兩樣。

美國高中生如果有車，很容易交到朋友，我的情況更是特別，多數同儕還要跟爸媽或兄姊商量，但我什麼時候用車、要去哪裡，完全不用對任何人交代，想出門隨時跳上自己的老爺車就可以出發。

我們高中所在的學區算是當地不錯的社區，多數同學的家境都不錯。有幾次同學趁家中沒大人時舉辦 house party，我會帶當時的女朋友以及 Kohei 一起參加，每次都覺得自己酷得不得了。Kohei 的爸媽管得滿嚴的，有幾次約好晚上一起去派對，我會開車去載他，快到他家門口時，就把大燈關了，引擎熄火，慢慢滑進車道，再發出「嗶嘶嗶嘶」的暗號叫他出來。

我們在 house party 眞的玩得很瘋，有一回，一個朋友可能喝醉了，居然把他家裡滿好的一輛車開到游泳池裡，現場所有人簡直 high 翻了，一直在旁邊大喊：「好棒喔！好棒喔！」但大家心裡想的其實是：「你完蛋了！」反正不用自己善後，多數人就跟著瞎起鬨。雖然我爸媽從來沒有讓我感覺被束縛，但那個瘋狂的瞬間，還是讓我有種解放感，見證這個世界實在好多元，有好多可能性，還有各式各樣的人。

Kohei 雖然家教甚嚴，骨子裡卻很叛逆。年輕時，我們都有過某些狂想，例如想像自己成爲了不起的搖滾巨星。Kohei 一心一意想成爲ＤＪ，有一陣子他存了一些私房錢，買了一個混音器，我們都覺得很酷，但他只能戴著耳機在自己房間裡演練，我也無法得知他在做什麼。

有一天，我心血來潮告訴 Kohei，我決定幫他開一個 house party，找一堆人來我的宿舍玩，讓他在大家面前好好表現。對於我的提議，Kohei 雖然很緊張，但更多的是興奮，於是一個轟轟烈烈的 house party 計畫就這麼訂了下來。

House party 在美國很常見，但也常因噪音擾人引來警察上門。我爲了力挺好友開的 house party 也一樣，因爲音樂太大聲，鄰居被吵得受不了，最後搞到警察上門，所有人一哄而散，連我都跟著閃人，警察沒聽到聲音也沒看到人，只好離開。警察一走，我們才回宿舍繼續開派對，只是收斂許多。

我的室友因爲這件事對我超級不爽。不過每次跟 Kohei 相聚，只要想到當年一起做的瘋狂蠢事，我們都會忍不住笑著說：「We were so stupid!」但這就是年少青春啊！

我跟 Kohei 不是只有一起幹蠢事，我們也做了很多正經事，像是一起申請大學。由於我們的父母都沒有申請美國大學的經驗，所以沒有人引路，兩個好朋友就一起摸索，還申請同一所大學。

美國有所謂的 Early Decision 制度，讓學生在高三上學期早早選定一所大學入學。我和 Kohei 不但一起申請 Early Decision，也都順利錄取，進到同一所大學就讀，還做了一年的室友。

當年申請的結果是用實體信件通知，我清楚記得，收到錄取通知信那一天，連忙打電話跟爸媽報喜。雖然荷蘭當時是半夜，但爸媽聽到我錄取了，還是非常高興。多年之後我才知道，通完電話後，他們馬上開始煩惱怎麼負擔昂貴的學費，幸好最後我申請到獎學金，大家才鬆一口氣。

確認申請到大學後，高中還有一個學期才畢業。我跟 Kohei 原本偷偷盤算，只要確保順利畢業，大可偷懶過完高中最後一學期。不過最後還是乖乖去上課，因爲發現有些課程可以直接抵免大學學分。

獨立就是爲自己負責

隨著獨立生活的時間愈來愈長，我漸漸明白，人要能眞正獨立自主，前提是可以爲自己負起所有責任。

剛開始自己生活時，爸爸每個月給我五百美元，乍聽之下似乎不少，可是仔細一算，光房租就占了近兩百美元。此外，宿舍離學校來回要一個多小時的車程，一個月油資也要不少錢，再加上一年的保險費約一千多美元，攤下來每個月一百美元左右，東扣西扣，剩下可支配的生活費，了不起每個月只有一百多美元。

我的車是爸爸留下來的一輛八汽缸老爺車，車體用重金屬打造，像一艘巨大又笨重的船，極度耗油，現今已不可能生產這種車子了。由於車子非常老舊，時不時就會發生各種問題，動不動就要進廠維修，一下子換機油，一下子換零件，總之很燒錢。再加上宿舍沒附停車位，下課回家往往得繞好大一圈才能找到路邊停車位，加油費用很驚人。有幾次放學去朋友家吃飯串門子，散會後實在太累，我乾脆睡在車子裡，不必再開來開去，既省時間也省錢。

因爲獨自生活，我也學著做菜。美國外食昂貴，不像台灣走幾步路就有小吃店或便利商店，便宜又方便，所以不少人會自己準備三餐，我也不例外。只要一回到宿舍，我就煮飯、洗衣，把生活打理好。

如果只是要塡飽肚子，那麼做菜並不難。當時我的廚藝很陽春，認爲只要吃到蔥，就算是有吃到蔬菜。我的肉類料理法，就是把切塊的雞肉、豬肉丟到水裡汆燙，熟了之後撈起來沾醬油吃，或者偶爾燒烤一下。

早餐我通常吃玉米穀片或麵包，即使如此，我從不覺得自己吃得很差，不會羨慕同學有家人幫忙準備豐盛美味的菜餚。每個人的情況不一樣，我一向不太會跟別人比較。

我媽從事會計工作，對數字很敏銳，從小就教育我們要謹慎用錢。加上我高中在牙科診所打工，每小時工資才三、四美元，要接電話、清理、打掃環境……，下班時總是累到不行，讓我很早就體會賺錢的辛苦。更何況隻身在外，什麼都要靠自己，即使後來收入增加，我還是保持量入爲出的習慣。跟我一樣很早就獨自在外生活的太太，也和我的觀念相近。

爸媽當年艱難的選擇，給了我一個迅速成長的機會。當年那個十幾歲的小孩，突然之間就要自己決定生活中的一切事情，完全沒有適應期，連恐慌或緊張都來不及，就展開獨自在異鄉的生活。隨著時間流逝，除了外表的成長，我的內在也慢慢蛻變成獨立的大人。

一直以來，我只是好好完成分內的工作，把該做的事情做好，需要開車，就好好開車；需要上課，就去上課；需要打工，就去打工。等到某一天回頭看，我似乎就成爲獨立的大人了。

也許所謂的「獨立」，就是自己做決定，然後承擔決定的後果，無論是要怎麼烹煮肉食，或是開一場吵死人的派對，只有能爲自己的決定承擔後續的責任，才算是眞正的獨立。

總結

1 擁有自行安排時間的自由，是探索生命的基礎練習。
2 想眞正成爲獨立個體，就要爲自己負起一切責任。
3 沒有從不出錯的人生，但錯誤往往也是學習的契機。
4 自行完成工作，是負責任的最佳體現。

校長週記

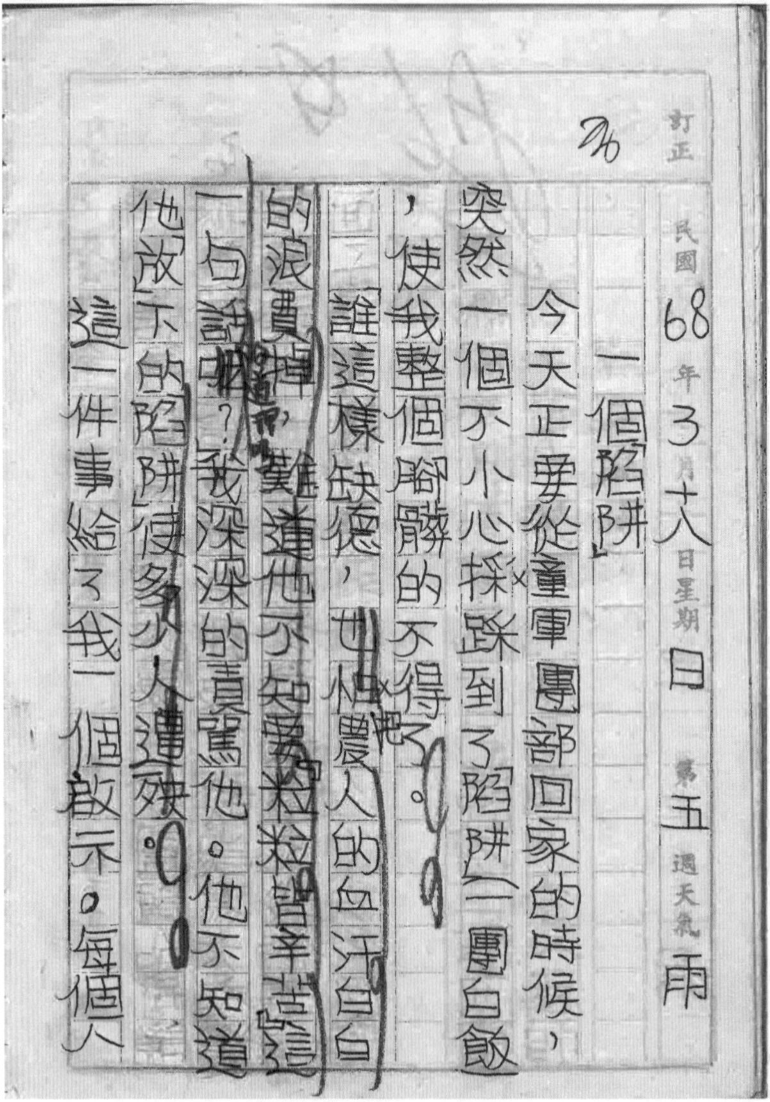
訂正
民國68年3月十八日星期日 第五週天氣雨
一個陷阱
今天正要從童軍團部回家的時候，
突然一個不小心採踩到了陷阱(一團白飯
，使我整個腳髒的不得了。
誰這樣缺德，也把農人的血汗白白
的浪費掉，難道他不知道粒粒皆辛苦這
一句話嗎？我深深的責罵他。他不知道
他放下的陷阱使多少人遭殃。
這一件事給了我一個啟示。每個人

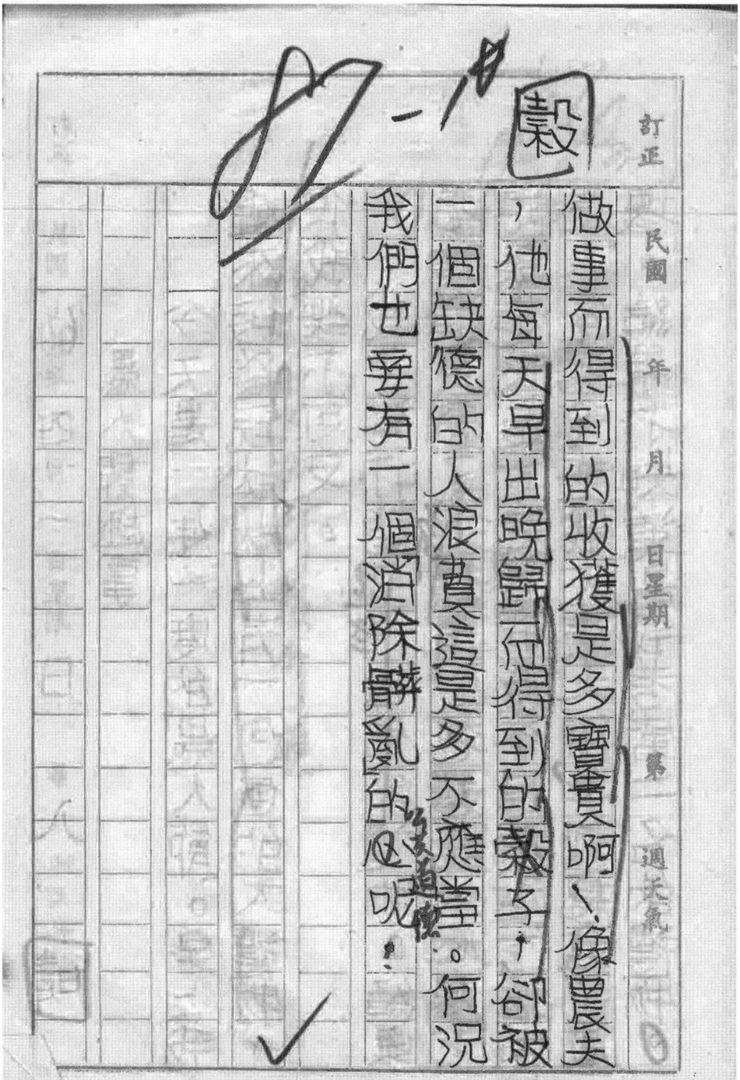
訂正　穀

民國　年　月　日星期　第　週天氣

做事而得到的收獲是多寶貴啊、像農夫，他每天早出晚歸而得到的穀子，卻被一個缺德的人浪費，這是多不應當。何況我們也要有一個消除髒亂的心呢！

第二章 只能接近，但永遠到不了的終點

大學讀的科系，很常直接或間接影響日後的工作和職涯發展，因此很多學生和家長，都會問我如何選擇科系。

每次被問到這個問題，我就會想到小學時很流行的一個遊戲，遊戲名稱我已不記得，印象中似乎就叫做「算命」。

遊戲方式是準備一張細長的紙條，在紙條的一端畫下交錯分叉的長線，線的終點就是紙條的另一端，而不同的終點標注著不同的命運或結果，畫好後就把紙條捲起來，只留下起點的那一小段。

人生是無數選擇累積的結果

遊戲開始時，玩家的手指從起點出發，隨著自己的意志在紙捲展開下慢慢前進，每來到交叉點，因選擇的方向而朝不同的結果或命運前進，直到抵達終點。如果設計得更有巧思，還可以在半路加一些「掉落山谷」或是「中彩券大獎」等不同關卡，增加遊戲趣味。終點可以是「你會成爲大富翁」、「你淪爲乞丐」，或者是「你變成大明星」，當然也可以是「你有寫不完的功課」……，結局各式各樣，一切都由創作者自由設計。玩家事前可能全然不知終點會發生什麼事，也可能心裡有數，但直到抵達終點前，玩家不會知道結局是什麼。

我對這個遊戲印象深刻，雖然是小學生玩的，但年紀愈大，就愈覺得這個遊戲與眞實人生有很多相同點。紙捲能畫的路線或結局非常有限，加上玩家經常不是設計路線的人，往往不知道有什麼結局。每當來到交叉口，一旦選定一條路，玩家只能一路向前。你可以往回看，甚至可能後悔當初的選擇，忍不住想著：「要是選那條路就好了。」也就是說，一剎那的選擇，往往注定甚至改變了命運。

生命不就是這樣嗎？如果跟小孩一起玩這個小遊戲，可以讓小孩對於人生就是無數選擇累積而成的這件事，開始有些理解。

我們不可能百分之百掌握人生的每一步，就連下一步往往也不在控制之中，或許有些選擇正好符合期待，但肯定有更多選擇和預期完全不同。

看清每個選擇背後的動機

如何選擇適合的大學科系，沒有一定的判斷標準，也很難量化，這或許要回到對自己的認識與了解。當年考慮大學要讀什麼科系時，我主要是按照喜好做選擇。我對科技、理工、醫學……這些領域的學問還算有興趣，雖然也喜歡藝文，可是自認不是這塊料，當成日常興趣還可以，眞的要從事相關工作，可能不是那麼適合。

小時候很喜歡的課外讀物中，有一套「爲什麼」系列叢書，書中提到許多日常生活可能會遇到的問題，讓讀者也跟著產生好奇，然後提出解答。在閱讀過程中，我開始學習對生活周遭的種種現象產生疑問，進而思考這些看似平常的事情，跟我有什麼關係，更重要的是，透過思考「爲什麼？」，我也問自己很多問題，進而愈來愈了解自己。

我認爲要發掘或培養專長，最重要的還是「認識自我」。至於如何認識、了解自己，最重要也最簡單的方法，無非在出現疑惑或需要做決定的時候自問：「爲什麼？」

「爲什麼我會有這種感覺？爲什麼我要選擇這個？爲什麼……？」這些問題從來沒有標準答案。當我們處在不同的生命階段，答案就會不同，今天的你、二十年前的你，還有三十年後的你，回答同一個問題時，答案往往不會完全一樣。因此只能在這一剎那，在當下的時空，好好認識並了解自己的眞實需求。

一個無法了解自我的人，很容易感到不安，就像偷東西，表面原因可能是匱乏，或是羨慕他人擁有的，但更深的層次在於看清爲什麼想擁有這個東西，是基於需要，還是因爲產生了想要的欲望。

眞正需要深入了解的，是做出選擇的動機，而想要找出動機，就要眞誠不逃避的自問「爲什麼？」，得到答案後，再接著從中找出另一個問題，然後繼續誠實的回答問題。如此反覆追問，事情就會愈來愈清楚，內在想法也會愈來愈淸晰。

認識最核心的「我」

比起設定目標或立志，我認爲知道自己是誰、知道自己眞正需要什麼、應該做什麼，也許更重要。也就是說，眞正了解自己「需要」什麼和「想要」什麼是有落差的。了解自己是人生存在世界上非常重要的目標。

我們的每個行動，包括怎麼看世界，或是與周遭的人事物互動，進而產生關聯，核心意義都在於增進自我認識與了解。只是無論活了多久，再怎麼積極去認識自我，頂多只能愈來愈接近，卻不一定能百分之百的了解自己。但透過自我剖析和不斷追問，至少可以持續增進對自身的了解。

當我們開始認識內在不同面向和複雜性時，其實就已經在提升自我了，也就是當我們愈了解自己，就愈能成爲更好的自己。

要了解自己，必須能好好自我對話。但生活中總是有好有壞，如果放任情緒像搭雲霄飛車忽高忽低，就不容易靜下來。所以不管運動、冥想或坐下來喝杯咖啡……，任何可以靜下來自我對話的練習，都有助於把自己看得更清楚。

自我探索是沒有終點的旅程，對每個人都深具意義。即使知道生命的終點是死亡，但在走到終點之前，我們可以誠實告訴自己，至少這一生的歷程，是自己的選擇，不是爲了滿足外界的期待，或是達成他人加諸在我們身上的目標。

我這一生不斷在自我探索，希望能夠更加認識自己，因爲我知道我們很難不被外界影響，很多事情個人無法控制。但是「我」，最核心的那個「我」，到底是什麼？我需要知道這個「我」，才能平穩安和的面對不斷變化的外在環境。

我不知道的還有很多

很多時候，我們太容易下判斷，例如看到有人在哭，就認爲他一定很傷心，但他之所以哭泣，可能是感動或是疼痛，與傷心無關。讓人想哭的原因千百種，無法從表象得知全貌。

又或者看到乞丐的時候，心裡很快閃過一大堆念頭，不管是覺得他很可憐，或是認定他就是好吃懶做才會變成乞丐。事實上，人會需要在路邊乞討，往往有很多我們不知道的原因和故事。不知前因後果所下的各種推斷，都只是沒有根據的猜測。

正因爲我們連自己都無法百分之百的了解，就更別說對他人有多少了解了。這也是爲什麼我總要提醒自己：「我不知道的還有很多。」特別是要給別人建議前，一定要想到這一點。

如果太快對一件事或一個人下判斷或注解，就容易產生錯誤認知，甚至做出錯誤推論。事情的發生，總是由各種人事時地物等因素交織而成，任何人的故事往往不是兩、三句話就說得清楚，更難以用好壞、黑白、是非、對錯等二元標準來詮釋，背後常有難以言說的複雜性。

就連父母也不可能全然了解孩子。申請大學時，我對未來想走的路不是那麼清楚，當時爸媽不在我身邊，且他們沒有在美國申請過大學，不知道怎麼申請，或是有什麼科系可選。但他們從來不會強烈要求我照他們的意思決定人生大事。爸媽只要我選一個自己有興趣，未來也不難找工作的科系就好。所以申請大學選擇科系、研究所選擇研究主題時，我所考量的是志趣和日後是否有發展，兩者缺一不可。

對我來說，自由就是有選擇，當一個人透過認識自我，有意識的做出選擇時，就是自由的。但所有的選擇都有相應的責任，不能因爲想要自由，就亂講話或做壞事。人必須承擔起屬於自己的責任，也就是我們所做的每個選擇，都會有相應的後果在等著我們去面對。

「微學分」課程有助多方探索

美國大學給學生很大的彈性，入學後如果發現選讀的科系不適合自己，只要提出申請就可以轉系。雖然需要一些行政流程，但至少不是做出選擇後就沒有其他可能性了。

我認為，讀大學是要讓學生去探索，去嘗試不同可能性，去自我挖掘，進而更深入認識、了解自己，認準適合自己的機會的道路。關於這一點，我覺得清華大學這幾年做得還不錯。

上任清華校長後，我推動各個系所開設每門課只有0.5學分的「微學分」課程，每門課平均一星期只要上課半小時，鼓勵學生跨科系選修，投入較少的時間成本來拓寬視野、多方探索。

開設「微學分」課程的主要目的，正是要回到大學教育的初衷，希望年輕學子在校園這樣相對安全的環境中，有更多機會探索。假設一名物理系學生對古典文學很有興趣，但可能沒有足夠時間修習十幾個學分以符合雙主修的要求，「微學分」課程的設計，可以讓學生有機會對古典文學多一點了解，再視個人意向做出進一步選擇和承諾。

「微學分」課程從我上任後開始規劃，二〇二二年正式上線，具體成效還需再一陣子才會顯現。一向喜愛課堂互動的我，也開設了一堂「微學分」課程──「如何商業化生物醫學技術？你做得到！」，分享我在新創事業的親身經驗與經營心得。

來修這門課的學生，從大一新生到博士班二年級的學生都有，課堂上大家一起討論，不時碰撞出多元思維的火花，讓我在備課、上課的過程中，收穫多多，也樂趣無窮。

從無到有，讓學生動手做

教學之外，我也鼓勵大學生多參加社團，拓展課外的空間。擔任清華校長後，我便力主學生參加社團活動能換取學分，以提高學生參與社團活動的意願和興趣，讓學生在課業之外開闢探索世界的不同管道。在社團學習到的東西，往往比課堂上更多元、更實用，甚至更全面。

以清大賽車工廠爲例，這個由一百多位清華學生組成的社團，透過團隊合作，從設計到製作，親手敲敲打打製造出一輛輛賽車，然後規劃執行，對外募款，向廠商拉贊助，從事公關行銷活動，舉辦上市發表會，參加國際比賽等，每一步都盡可能做到業界實際的流程和水準，並不因爲是學生社團的作品而打折扣。

我相信對於參與清大賽車工廠的學生來說，過程中累積的知識、經驗及能力，都是無可取代的體驗，日後在課業或就業上，甚至面臨人生旅途的各種挑戰時，都可能是一輩子受用的經驗。

大學社團發展的主題可以很多元，今天是賽車，明天可能是半導體ＡＩ，或者從無到有寫一本書，然後出版、行銷、宣傳……，總之，一方面給學生機會去發揮，另一方面也可以擴展指導老師個人的發展面向，不會只局限在傳統的研究和課堂教學上。

轉換方向也不挫折

剛到美國讀書時，我想過以後要當建築師，一來我很喜歡畫畫，再者我認爲建築師似乎是個不錯的職業。高中時選修一堂叫做「Technical Drawing」的課，老師教我們從不同角度透視一個物品畫出立體圖，有點像是今日的3D圖。爲了如實呈現物品的樣貌，得以類似工筆的畫法，把每一條線都畫得筆直精準，分毫不能有誤差。但這種繪畫技法，跟我一直以來喜歡的繪畫方式完全不同。

起初，我天真的以爲建築師可以隨興自由發揮，用寫意或抽象的方式畫圖，就可以蓋出一間房子。直到修了這門課，才發現原來建築師的工作需求和我預期的落差那麼大。我從小就很粗心大意，可能不太適合做建築師，以免一不小心設計出的房子倒了，後果就很嚴重。

至今我還清楚記得那堂課，每次要繳交作業，我都非常痛苦。我連線都畫不直，當時也沒有CAD、CAM這些厲害的繪圖軟體，一想到日後成爲建築師常要用這堂課教的繪圖技巧畫平面圖，就明白當建築師八成不適合我，於是很快打消成爲建築師的念頭。雖然日後我還眞給自己蓋了一棟房子，不過那又是後話了。

雖然進一步探索後，發現自己不適合當建築師，但我並沒有感到挫敗。對我來說，這不過是一個探索的過程，既然不如預期就換個目標，搜尋下一個可能。我也常跟年輕人說，嘗試之後確定不適合，只要有勇氣和信心放下，並且繼續探索，一定可以找到適合自己的，這本來就是認識自我的過程中的必修課。

小時候我對以後要選擇什麼職業並沒有具體想法。我很喜歡卡通影片裡的超級英雄，他們做事俐落，又懂得好多科技，可以用來打敗壞人，伸張正義，所以從小就希望自己也能像他們一樣，成爲幫助別人的英雄。看著科學小飛俠或無敵鐵金剛展現出那股又酷又炫的科技感，讓我覺得當科學家似乎還不錯，一方面可以幫助別人，而且看起來又超帥。

我有幾位舅舅是醫生，小阿姨則從事護理工作，從小就常聽他們在講醫院、診所發生的各種事情。每次聽到他們如何治病救人，都讓我覺得舅舅、阿姨根本就是英雄，小時候心想如果長大後可以跟他們一樣從事醫護工作，就可以成爲像他們一樣厲害的人，感覺上醫生好像也是很不錯的工作。

或許就是小時候這些純眞的念頭，加上好友 Kohei 一直以來就想從事醫療工作，所以一起申請大學時，我們很快就選定約翰．霍普金斯大學，而且選擇了當時才剛開始發展的生物醫學工程系。

多方嘗試，接觸不同面向

生物醫學工程在當時其實並不被看好，學工程的人認爲我們學的不算正統工程科學；學生物的人也覺得我們不夠專業；至於醫學就更不用說了，因爲我們不會看診，所以完全算不上懂醫學。

這也不是，那也不是，當時生醫眞的有點四不像的感覺，好像很多都沾上邊，卻又不屬於任何一方。不過對我而言，這樣的特質反而是件好事，因爲什麼都有，什麼都要認識，但在短時間內，又不必馬上做出決定，而是可以多接觸不同的面向，這或許更適合我。何況可以利用工程、醫學，以及生物的角度和工具，來解決各種疑難雜症，似乎也挺不錯的。

美國的大學制度不會逼著剛入學的學生馬上決定主修，我記得大學一年級時，有一位從加州來的同學，一個學年內換了四次主修，而且領域跨度都很大，甚至曾經從政治科學轉來生物醫學，可能是不時聽我和 Kohei 講生物醫學如何如何，於是就跟著轉來我們系上，這已經是他第四次轉系。

雖然我選擇進入生物醫學工程相關的科系就讀，但當時我並非百分之百肯定這就是我要終身投入的領域。最初接觸時，我發現生醫領域廣泛，如果偏向工程部分，往下可以再細分爲材料、電機、動學等方向；若是著重生物本身，就可以從生物科技等方向切入，其他還有法律或倫理相關的研究範疇。

因爲生物醫學工程的涵蓋範圍很廣泛，所以大學的課程設計規劃，一開始是著重在讓學生有廣泛探索的機會，等到學生對這個領域有了一些概念後，才能根據自己的興趣專長，找出更聚焦、更細緻的學習和研究方向。

一來我對化學和材料都滿感興趣，二來從實際層面考量，我認爲不管怎樣，生物醫學的研究與發展，無論要做的是儀器或藥物，都必須使用材料才能製作，所以至少有一定的市場需求，大學畢業後的就業求職，應該有不少機會。這是我當時單純的推理邏輯，現在想想好像還挺有道理。

我在學生時代沒想過要留學校工作，那時對學術界的認知和想像很有限，以爲教授只要講講課，頂多做些研究，資深一點的老師也許參與一些學校的行政工作。即將進入學術圈之前，我依然不是很清楚這個職業的全貌，直到正式成爲教授後，才了解光是學校的行政機制就很繁複，更別說還有各種人際關係、財務規劃，以及校內校外的各種議題……，一切遠比我想像的要複雜許多。

其實不管選擇什麼職業，在哪裡展開職涯，沒有親自投入之前，根本不可能知道一份工作的各種細節和所有面向，工作上的專業技能也是要進到工作場域之後才能眞正學會，所以幾乎所有人都是learn on the job。儘管如此，多數人還是會在做出選擇之前，盡量蒐集資料，多少有些了解，而不是盲目一頭栽進去。

保持開放，終身學習

正是因爲在進入某個行業前，只看得到一部分的情況，所以要經常提醒自己，不可能事事都在掌握之中。我們要學習接受事實，保持開放的心胸，抱持終身學習的心態，勇於嘗試以前沒做過的事。一旦能抱持並接受「需要再學習」的想法，某個角度來說，就是給自己一個空間、一種自由，去擴大自己的可能性，減少自我設限。

年輕時，每當需要做出人生重大抉擇時，通常沒什麼人在我耳邊嘰嘰喳喳給意見。雖然爸媽難免會擔心，卻從來不會對著我下指導棋，要我聽他們的決定。

後來我也成爲父親，更能了解父母私心希望孩子不要做錯選擇、繞遠路，擔心孩子會受傷或受挫的心情。然而孩子的成長也是父母的成長，中間必定會遇到很多阻礙，總有必須來回調整的過程，我總是會想：「我們的決定是對的嗎？會不會有其他更好的選擇呢？」

其實人生沒有所謂「對的選擇」或是「錯的選擇」，因爲「對」和「錯」從來就不是絕對的。每個人的標準都不一樣，如果一定要選邊站，只會身陷衝突矛盾之中。

這麼多年過去了，如今我和爸媽依然常常回想當年他們從美國被調到荷蘭時，讓一個十幾歲的孩子獨自留在美國生活讀書這個困難的選擇。但即使在那樣充滿不確定的情況下，爸媽的確盡力把各種可能性都考慮到了，並且做出當下能做出的最好選擇。而我也不負所望，努力照顧好自己，成爲一個負責任的人。因此我和爸媽都可以坦然的說：We made the most of it!

總結

1 做出選擇時，問問自己：「爲什麼？」
2 常常自我提醒，還有很多自己不知道的事。
3 學習平靜下來，與自己對話。
4 不確定方向時，請多方嘗試，勇於探索。
5 認識自己，是一條沒有終點的路。

我在威斯康辛親手蓋的房子，永遠是這個社區的第一戶

第三章 爲自己選擇一個比較好的難題

小學時，每天媽媽都要帶著我和妹妹一起擠公車上學。當時台北沒有捷運，公車和現在很不一樣，大家也沒排隊的觀念，公車一來所有人總是一窩蜂往門口鑽，等著車門一開就要搶先上車，眞的是名副其實的「擠公車」。

當時搭公車不像現在刷卡就好，而是要「剪票」。公車上會有一位專門負責爲乘客「剪票」的車掌小姐。小學那幾年，幾乎每天上學都要擠一下，印象中只有少數幾次，因爲雨下得實在太大，或是有特殊情況，媽媽才會帶著我們兄妹搭計程車。

不爲無法改變的事情煩惱

還是小孩的我，每次擠公車都覺得非常痛苦。好不容易上了公車，站在車子裡總是被擠得無法動彈，還得想辦法死命抓住欄杆扶手，以免緊急剎車時站不穩跌倒。下車的時候就得奮力穿過重重人群，直到跳下公車雙腳落地之後，才能好好呼吸。

每次跟媽媽反應擠公車好痛苦，她只是要我忍耐。因爲無論怎麼抱怨也都沒有幫助，我就很少再提了。

其實念頭總是變來變去，並不會一直維持一樣的心情。雖然擠公車很討厭，不過隨著我慢慢長高，擠公車也漸漸沒那麼累人。後來我甚至會冒出誰怕誰的心情，決心等車子靠站，我也往前衝，要擠就來擠，反正我現在有力氣了，也站得更穩一些，再怎麼不舒服，熬一下也就過去了。

這是一樁小事，但也讓小小的我認識到，不必爲了不能改變的事情煩惱，要把精神集中在能控制的事物上。

不必比較痛苦

雖然我很討厭擠公車，卻從來不敢向爺爺奶奶抱怨。爺爺奶奶曾經跟我講過他們當年逃難的艱辛，他們說的時候語氣很平淡，但光想到過程中發生的幾件事，我就嚇呆了。這樣可怕的事情，如果發生在我身上，我可能當場就昏過去或原地躺平。但無論環境如何艱巨，爺爺奶奶總是淡淡的說：「咦，好像事情也就這樣過去了。」我很偶爾會抱怨一些事情，但只要想到爺爺奶奶的經歷，就覺得自己的煩惱根本就不算什麼。

或許是這些體驗，日後我對於不愉快或不舒服的事情，好像可以看得比較淡。有趣的是，當我決定用不同角度看事情，原本十分厭惡、極度排斥的心情，就變得沒那麼極端了。長大之後，我更感覺到，其實痛苦無法比較，去比誰的痛苦更加深重更是沒有意義。贏了這個難道是好事嗎？還不如學著用不同視角來看待不如意的事情。

事件本身往往是中性的，之所以有好壞的差別感受與選擇用什麼角度去看待有關。同樣一件事，只要稍微改變一下觀點，採取不同的因應行動，往往就會產生不同結果。我們無法決定世界怎麼變化，但可以控制調整自己的思維，找到自己的立場和觀點，進而採取適宜的行動。對於發生在自身的事情，我們永遠可以選擇回應的態度，練習久了，慢慢就會發現，很多乍看之下不太好的事，日後反而可能變成難得的契機。

人的想法本來就不斷在改變，今天覺得很煩的事，隔天想想也許覺得沒什麼。就像當年擠公車讓我覺得很煩，但如果我向爺爺奶奶抱怨，他們可能會說：「比起逃難，擠公車根本算不上什麼。」人生中必然有挫折，如何面對、處理或忍受挫折都需要練習，當我們能夠有更高的角度或更廣的視野，對挫折的解讀與感受就會完全不一樣。

轉換心念，學習回應世界

我就讀的約翰·霍普金斯大學是一所不錯的大學，有很多優秀學生，不乏成績優異還兼具各項才藝，或是運動競賽傑出的高材生。這些人在高中時期很可能是校內風雲人物，如果在很受保護的環境中成長，可能從小到大都沒有什麼挫折經驗。上了大學之後，不但要獨立面對很多事情，還會發現原來世界上有這麼多厲害的人，心理難免受到不小衝擊。如果調適得不好，可能造成心理的沉重負擔，有時甚至會做出難以挽回的事。

大一上學期就有兩位同學輕生，其中一位更是讓我印象深刻，因爲他選擇在宿舍地下室的雜物間裡自殺。

當時學校很風行「袋棍球」（Lacrosse）這種運動，跟足球、曲棍球一樣，都是把球射進球門後得分。不過袋棍球使用的是一根在末端套了網袋的長棍，球員握著袋棍，用棍子上的袋子來傳接球，設法把球丟進球門。這位在宿舍地下室上吊的同學，就是袋棍球的校隊成員。

有一次也許是派對狂歡之後，大家去附近的商店買些飲料點心。有些同學開始無聊瞎起鬨，看誰的膽子比較大，敢下手偷東西。這位袋棍球球員沒想太多，就隨手偷了一條口香糖，結果不但當場被逮到，店員還報警，這位同學被帶去了警察局。事後回到學校，他覺得很丟臉，認爲這件事情會成爲一生中永遠無法抹滅的汙點，愈想愈覺得這輩子完蛋了。

沒想到，幾天後他居然在宿舍地下室的雜物間裡上吊自殺。那裡平常幾乎沒人會進去，當他關了門，吊上去之後，不太可能會及時被發現，足見死意堅決。事情發生後，大家都很震驚。對那個年紀的我來說，真的覺得生命好脆弱，原來一時失慮，就可能讓鮮活的生命驟然逝去。

其實一件事情的發生，究竟是大事還是小事、好事還是壞事，過程中感受到的百般滋味，是酸甜苦辣哪一樣，會對我們造成什麼影響，往往就是一剎那的念頭，最後還是回歸一個人看待事情的態度，而這往往也決定了事情的走向。

發生在我們身上的事情究竟是好事或壞事，其實是根據自己的解讀而定，一切都是自己的選擇。

記得我小學的週記裡有一篇〈談禮貌〉，寫到媽媽帶我們去餐廳吃飯，結果遇到一個很沒禮貌的服務生。我本來覺得很生氣，但媽媽說要學著展開心胸，凡事不要斤斤計較。當時年紀小，不太能理解媽媽說的話，長大之後才慢慢懂得，她是要我別受他人的言行舉止影響，而成爲一個自己不喜歡的人。

與他人溝通互動時，很難不去回應他人對我們的種種言語或行動。只是我們雖然無法控制別人要怎麼做，卻完全可以選擇要怎麼回應。我們眞正需要學會的，就是有意識的選擇要怎麼做出回應。

如果遇到很糟糕的人或事，可以選擇被它糾纏一輩子，感到無助、無奈而傷心難過，扮演可憐的受害者，也可以不在意那些糟糕的人或事，不讓自己一直停留在令人沮喪的情境裡。無論選擇如何回應，終究都是自己的意志，與他人無關，因爲我們永遠可以選擇怎麼看待這個世界，以及如何和這個世界互動。

未來無法預測

人在小學、國中、高中、大學等不同求學階段，直到畢業後出社會，成爲名副其實的「大人」後，對事情的承受度、判斷事情是大是小的標準肯定不一樣，這一切往往是相對而非絕對，看到的面向與後續要承擔的責任，也絕對不同。一旦做了選擇，日後再回頭檢視，很多情境和主客觀條件都已不同，就不必感到懊惱或悔恨。

記得最初接到獵頭公司邀請我參與香港大學副校長遴選的電話，到最終通過遴選，收到錄取通知，決定接受新職，妥善處理並結束在美國的一切，一直到眞正去到香港，其實已過了一年多。要做出這麼大的決定，我和心村，還有兩個孩子 Ethan 和 Zoe，自然都做了很多研究，考慮過非常多問題。事實上，無論事前做了再多功課，也不可能準確預料等著我們的未來會是什麼模樣。

我們在香港一個熟人都沒有，即使心村有一些學術界的合作者與香港有些淵源，但也不是很親近的朋友，決定踏上香港這塊陌生土地充滿太多未知數。記得到香港的第一天，住處還沒有確定，我們暫住旅館。隔天吃早餐時，電視新聞正在播放前一晚港大發起的學生運動，當時校方正在召開會議，一群學生衝進會議現場，整個場面非常混亂。

兩個孩子一看是香港大學的新聞，非常興奮的大喊：「Hey, Daddy, they’re talking about HKU!」當下我完全不清楚是怎麼一回事，順口說了一句：「That’s great!」直到認眞看了新聞報導，感到十分吃驚，心中有種不妙的感覺，想著接下來我要面對的恐怕是一場硬仗。只是我已做出選擇，全家人也都來到香港，我只能告訴自己，就做好能做的事，盡力而爲。

其實人一生當中，一定會遇到要做重大決定的時刻。事後回想，最好不要用事件發展的好壞來評斷當時的決定是否正確。做決定的當下，我們往往不會知道事情的走向，只能就眼前的情況，盡力選擇一個自己比較願意承受的難題就好。

追求平衡

我教養兩個孩子時，從不要求他們要追求「最好」。一直以來，我對孩子的期許，就是「平衡」兩字。每個人都有自己的特質和專長，沒有非得如何才算夠好，只要盡力做好該做的事，選擇適合的工作，適性適才的發展，就是最好。

兩個孩子還小時，我和心村就盡量讓他們去自由探索和發揮，唯獨要求絕對不要抽菸、不要吸毒，除此之外，我們都支持他們去嘗試。

兒子在二〇二二年獨自去英國讀大學，我很喜歡聽他跟我分享留學生活的點點滴滴，無論是自己找宿舍、搬家、採買、準備三餐，或是跟著老師從事專項課題的研究。聽他談有趣的課程內容，免不了會遇上難題，當然偶爾也會抱抱佛腳。

除了課業，他也喜歡體育，十分熱中排球運動，還差點進了校隊，更順利考到排球裁判證書。他也會與我們聊聊室友、同學等人際往來的事情和心情。每次聽他分享，我都由衷爲他感到開心。

我很高興兒子面對生活中的各種責任與機會時，抱持著好奇心與行動力去嘗試。雖然他煮的飯菜可能跟我高中自己生活時煮的差不多陽春，課業成績也有好有壞，但看到他很願意嘗試並參與不同的興趣和事務，對我來說，這就是我鼓勵他追求的「平衡」，我也因此感到很安慰。

兒子未來的人生，不可避免會出現必須做出重大選擇的困難時刻，但我相信他一定可以爲自己選擇一個比較好的難題，然後盡力面對做了決定之後相應的挑戰與學習。

寫這段文字的時候，女兒也要去上大學了，就像鼓勵兒子一樣，我也鼓勵她好好利用在大學這段時間探索自我。女兒希望以後可以造火箭去太空探險，決定主修航太工程、機械工程及天文學，看到她找到願意努力的方向，朝著目標前進，實在是太棒了，我眞的很爲她開心。

做個「B student」

美國學校的成績評等是採用A、B、C、D、F的架構，A是九十分以上、B是八十分以上、C是七十分以上、D是六十分以上，F就是不及格。身爲教育工作者，我一向鼓勵孩子當一個「B student」，以我自己教學、帶學生的經驗，我認爲 B student 似乎才是可塑性最強的學生。

根據我實際和學生互動接觸的過程，我發現 B student 通常在學業之外，經常還有其他嗜好。這些學生把一部分時間用在課業學習，同時挪出一部分時間追求自己的興趣，比如從事運動或參加社團，還會保留一些時間維繫日常生活的運作，像是洗衣服、整理房間等家務。

B student 往往在某些課程中拿到A，有些科目則是B，當然免不了可能也會拿到C。雖然一天二十四小時都用來追求所有考試拿滿分，也是OK的，但如此一來，可能就沒有時間去做其他事情。全力追求滿分並沒有什麼不好，畢竟這也是一種選擇，只是比起拚盡全力拿全A，我認爲平衡更爲重要。

很多人追求「第一」，但第一名不會是永遠，一個班級的第一名，不代表就是全世界的第一名。我一向沒有追求「第一」的習慣，這可能和我成長過程接觸了來自全球各地的人，很早就意識到這世界的多元和萬象有關。畢竟就算是全世界跑得最快的人，也只是在通過的那一剎那最快。

一輩子這麼長，不可能在千萬種事情裡永遠是第一名。因此，與其追求第一，我更鼓勵年輕人學習追尋一個平衡的人生。

總結

1 把注意力放在可以改變的事情上。

2 永遠可以選擇如何看待這個世界。

3 與其追求第一，「平衡」更值得追求。

4 「B student」是好的，人生中還有很多事情值得花時間。

維持平衡向前邁進時，難免會有狀況需要解決（1994年我進行單車旅行，穿梭美國華盛頓州西部奧林匹克半島）

校長週記

民國68年五月一日星期三　第十三週　天氣陰

訂正　擦　展

談禮貌

我們做人的基本條件，就是要常把請、對不起和謝謝掛在嘴上，這樣生活起來才會快樂。

像今天媽媽心血來潮，帶我們出去吃飯，沒想到一進去小姐就擺一副臭臉，使我們一直沒味口。他不小心打翻了一碗飯，我們請他擦一下，他卻說管你的，真是把我氣的火冒三丈。媽媽說把心胸

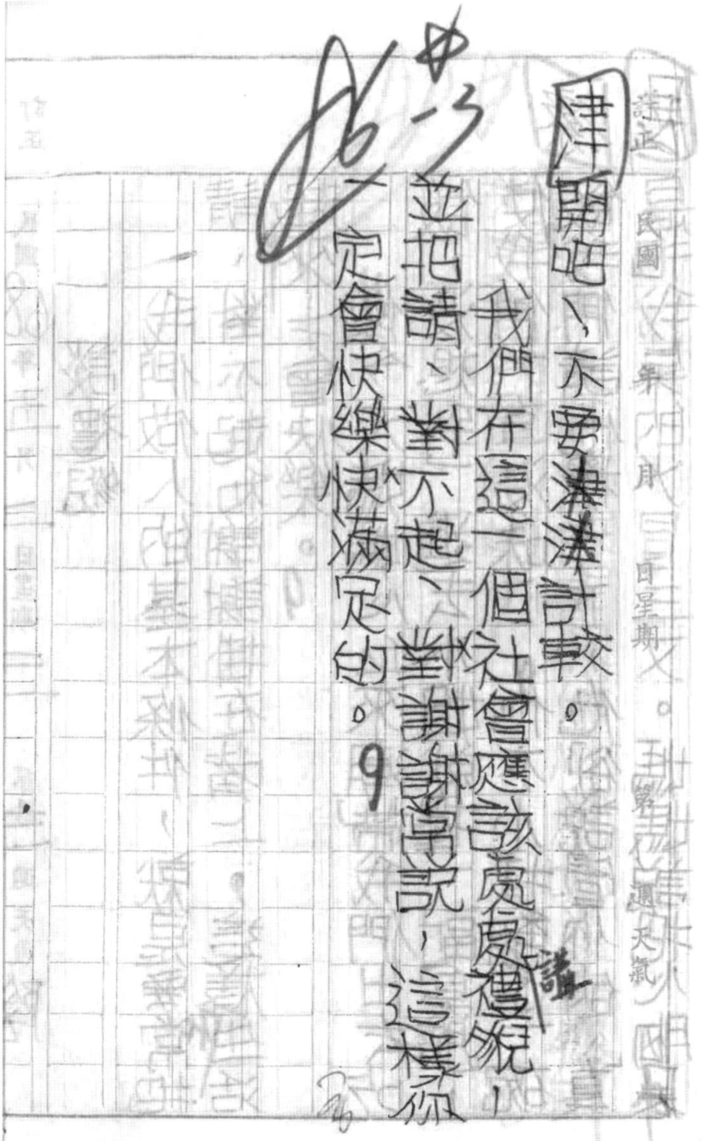
放開吧、不要斤斤計較。
我們在這一個社會應該處處禮貌，
並把請、對不起、謝謝常說，這樣你
一定會快快樂樂滿足的。

第四章
我願意在此永眠嗎——關於如何做選擇

我從高中獨自生活開始，就得自己做所有決定，無論是想要什麼或不要什麼。像是省吃儉用存了五年多的錢去南半球旅行兩個月，從華盛頓特區搬到威斯康辛工作，任性的蓋一間屬於自己的房子，甚至是選擇心村做爲我的終身伴侶，人生中的重要安排，都是我自己做的決定。

結婚成家後，我不能再只以自己爲中心，做選擇的時候，必須把身邊重要的人一併納入考量，思考的出發點從「我」變成「我們」：我們要不要種這棵樹、我們要買什麼樣的餐具、我們要去哪裡度假、我們要怎麼分配時間……。尤其有了孩子之後，顧及的層面就更多，再也不能像以前那麼隨興。但對我來說，這並不是代價，更不是犧牲，而是進到不同的生命階段，我跟周遭人事物的關係自然也跟著有所改變，因此在做選擇時，當然也要從不同的角度思考，並且考量更多的面向。

我做選擇的關鍵考量

每當需要做選擇時，我考量的關鍵點通常有兩個：一是我能不能累積更多經驗，像是接觸不同的人，或是處理新的問題；再者，是我能不能更有效的發揮自己的能力，讓過去累積的經驗，產生更多貢獻。

二〇一五年，我們決定舉家從威斯康辛搬到香港。當初決定接受香港大學副校長一職，就是慎重考慮過這兩個關鍵點，認爲這份工作的確可以帶給我很多新的經驗，同時讓我過去累積的能力有更多發揮運用的機會。不過我們當然不是只考量一、兩個因素，就做出讓全家人的人生都急轉彎的重大決定。

在威斯康辛大學任教的十七年，是我人生非常重要的階段。雖然我做的不是什麼了不起的工作，但自認善盡責任，在研究、教學或學校行政工作各方面，都做到一定成績，也按部就班從助理教授、副教授、教授，一路升到講座教授。期間我也參與幾個校方的大型計畫，除了學術工作，我也曾經自行創業，幸運獲得不錯的成績，不但從中學習到很多新事物，也開展了有別於學術圈的經驗和視野。

工作之外，我生命中幾個關鍵階段，也是來到威斯康辛大學之後發生的，包括和心村相遇相愛，決定共組家庭，攜手一生；我們的兩個小孩也都在威斯康辛出生長大。回顧在威斯康辛大學的十七年，我可以坦然的說，所有我應該做、需要做的事，都盡力去做了，並且從中得到很多收穫。

在香港大學來叩門之前，我幾乎未曾有過回亞洲長住的念頭，雖然經常因爲出差或探親來到亞洲，但眞的要在此工作和生活，那又是另一回事了。

第一次接到港大委託的獵頭公司來電邀請時，兒子十歲，女兒才七歲，他們對於移民這件事還似懂非懂。當時心村在威斯康辛大學的發展很好，是有終身職的正教授，教學研究之外還擔任各種行政職，且沒有退休年限，可以一直工作到生命最後一天。一旦決定舉家遷回亞洲，她失去的是一份穩定的職業，面對的是充滿不確定的下一步。對她而言，必須做出極大犧牲。

百年之後在哪裡長眠？

我們談了很多，盡可能衡量各種利弊得失，其中還有非常多無法量化的變數，但是最後之所以做出這麼大的改變，其實是在思考一個簡單的問題時得到的答案。這個問題一經提出，一切都變得清晰：「我們能不能想像百年之後，會埋在威斯康辛麥迪遜？」當下我的直覺反應是：「No.」心村的答案也一樣，也就是說，我們都無法想像威斯康辛會是日後的長眠之地。雖然聽起來有一點暗黑，可是這個想法那麼明確，也代表我們勢必會有下一站，未來的生活不可避免的還會有大轉彎。

既然在走到生命盡頭之前，中間必然還會有變化，無論是搬到美東或美西，或是更遠的地方，總之，威斯康辛不會是我們的終老之地。雖然無法預料變化會是什麼，但至少確定人生的終點在他處，那麼變化如果不是現在，又會是何時？而現在有一個滿吸引我們的機會，我們也確知生命還會有變化，那到底還在等什麼呢？

其實我和心村百年之後的長眠之地會在哪裡，從兩個孩子對死亡還不太了解的時候，我們就開始問他們：「你們覺得爸爸和媽媽最後會埋在哪裡？」這個問題問了無數次，到後來他們都聽煩了，更不要說我和心村討論過多少次。

不管是心村還是我提問，反覆來回討論的結果讓我們覺得：「喔，好無聊啊，這是一個沒有答案的問題啊！」You NEVER know! 就好像第二章提到的那個我印象中叫做「算命」的遊戲，只有當眞的走到那一步，才會知道答案是什麼。

反倒是要不要舉家搬到香港這個問題，全家人來回反覆考慮後，得出的結論是：「Let's do it.」

香港大學提供給我的平台，是我們在威斯康辛所沒有的。地理位置巨大的差異之外，香港在全球的定位也不一樣。它是世界第三大金融中心，是東西方交會的門戶，展現出獨一無二的精采活力，香港大學也因此擁有無可取代的資源和基礎。我相信透過港大這個平台，有機會接觸全世界頂尖的高等教育人才，看到完全不一樣的視野，無論是招生或是促進研究合作，都能夠帶給學生和老師更多面向跟發展的可能性，對我來說，這都是新的體驗與挑戰。

除了有很多新的可能性，我也相信自己在歐美和亞洲各地的生活經驗，讓我有相當的國際化視野。對我這種典型「第三文化小孩」（Third Culture Kid）的人來說，去港大從事提升推動國際事務合作的任務，是能做出獨特貢獻的一個極好平台。

宛若「拔根」的決定

舉家從美國搬到香港，對全家人來說的確有「拔根」的感覺。我們在威斯康辛整整住了十七年，那裡的一切，都是我和心村親手打造，一點一點積累而成的。兩個孩子都在那裡出生成長，小城麥迪遜是孩子們的故鄉，也是我和心村的第二故鄉。

光是我們住的房子，就是我從設計到建造，每一步都親身參與，從無到有蓋出來的。院子裡的每一棵樹，都是從幼苗開始種植，每天澆水照料，跟著全家人一起成長，可以說這裡的一切充滿我們生命的軌跡，是無可取代的回憶。

除了威斯康辛的住宅，我們在芝加哥也有一間小小的公寓。當初因爲威斯康辛沒有太多藝文休閒活動，所以兩個孩子大一點之後，我們大概一個月一次，全家人會趁著週末或假日，一起去附近的大城市走走，換個環境放鬆一下，也順便打打牙祭。

離威斯康辛不遠的芝加哥有很多移民，是很能展現美國移民多元樣態的大城市，直到現在都還保有很多美國傳統文化的氣氛和精神。市內有很多博物館、美術館，還時常舉辦各種藝文活動，我和心村都很喜歡芝加哥，於是就在當地買了一間小公寓，方便一家人去度週末時留宿。

對未來規劃再多也只是想像

決定接任港大副校長之後，也得思考如何處理這間公寓，要出租呢，還是乾脆賣掉？一旦把公寓賣掉，以後再回來的機會就更低了。但當時實在有太多未知數，很難看得太遠，也知道無論再怎麼仔細規劃，都只是我們的想像。事情的發展往往不是我們可以主宰的，後來還是忍痛出售公寓。

除了賣掉芝加哥的公寓，我最捨不得的，是賣掉自己從設計到監造全程參與，在威斯康辛住了十幾年的房子。買家在跟我們接洽的過程中，對我們的情況有所了解，後來彼此也成爲好朋友。至今我還淸楚記得，所有行李打包完成，隔天搬家的貨櫃車就要來的那個晚上，我們向買家提出一個有點不好意思的請求，對方也很慷慨的答應了。

這棟房子的地下室有很多木頭梁柱，我問買家能不能讓我們全家在地下室的梁柱一角簽名，後來我們簽上自己的名字，押上日期，做爲告別這棟房子的儀式。如今已過了很多年，我想簽名也許還在，就像我依然很懷念在那棟房子裡生活的點點滴滴一樣。

二〇一五年的香港，可說是東方和西方接軌的集散地，港大也是國際化程度很高的學校。當初決定去港大任職，我相信自己過去累積的經驗，能得到更好的發揮，同時也能拓展視野，獲得新的學習。事實證明，從二〇一五到二〇二二年，我的確在這七年港大生涯裡，看到、學到、接觸到許多新的人事物，同時我的所學與經驗，也有了更多發揮的機會，這幾年的確讓我的生命更加豐富。

退休之後要做什麼？

擔任港大副校長時，我有機會參加「世界經濟論壇」，親眼見到全世界政治、經濟、學術等不同領域中頂尖傑出又深具影響力的關鍵要角，在大開眼界之餘，覺得自己的見識還有很多不足。但能夠見證這個世界充滿那麼多我未曾看到的樣貌，還在等著我去探索與經歷，讓我既興奮又期待。

在香港那幾年，還有一些很有趣的發現，像是重新調整自己原本對於所謂「有錢」的定義，香港頂端富人的生活方式，眞是超乎想像的豪奢。因爲接任了港大副校長，讓我有機會近距離觀察和我不在同一個生活圈中的人，跳出舒適圈後看見的一些現象，每每讓我忍不住驚嘆：哇！人生眞的滿好玩的。

香港社會從二〇一四年的雨傘革命開始產生劇烈變化，後來的反送中運動，再到國安法的實施，期間還有 COVID-19 疫情襲捲全球。這一連串歷史大事件，被壓縮在一個很短的時空裡連續發生，而劇變發生的當下，我們就在現場。

這些年開始有人問我退休後要做什麼。我和心村很早就討論過退休以後的生活，我心中的畫面是我們住在海邊一棟自己蓋的房子，兩老平靜喜悅的一起度過晚年。不過這當然都還只是想像，我們還不知道這個地方會是哪裡。如果要更深入的探討，其實也應該同步思考未來生命終結以後，兩人的骨灰要埋在何處，或是撒在哪裡。

我現在五十多歲，清華校長的任期最長也就八年，如果眞的能在清華待滿八年，其實也不過六十出頭，應該還有好多事情可做。雖然在台灣，六十五歲已是退休年齡，但我會很好奇，是不是還有什麼不同的平台可以讓我去參與，說不定我的職涯還有想像不到的可能性。

未來要在哪個國家或什麼環境工作，不是我最在意的事情。我比較關心的，是過去累積的各種經驗能不能有所發揮、做出有意義的貢獻，同時我也希望下一個機會能給自己帶來新的挑戰與視野，不管是和不同的人接觸，或是從事新的任務，我想我會很期待那個機會的出現。

每個選擇，都是未知的禮物

機會的出現，經常是出乎預料的。就像參與清華大學校長的遴選，從來也不在我人生的規劃裡，完全是出乎意料的選擇。當時我已經在香港待了好幾年，做了一些想做的事，無論是有更多國際參與的機會，或是讓學術界和產業界有更多互動，都讓我在其中學到很多。我以爲會繼續做下去，直到接到友人的那通電話。

在威斯康辛大學服務期間，有一位和我一樣在台灣出生，年紀很小就搬去美國的好朋友。我倆的英文名字都是John，都是所謂的小留學生。他麻省理工學院畢業後，在哈佛拿到神經外科醫學博士，而我的專業也正好與醫學有關。

當時John在威斯康辛大學的外科系服務，我也合聘在外科系，但醫學院那麼大，之所以會知道彼此，是因爲英文名都叫John，姓氏也接近。他姓郭，英文拼音是「Kuo」，跟我的「Kao」（高）只差了一個字母，我們的信件很常被搞混，不是他的信件被誤投到我的辦公室，就是我的信件出現在他的信箱裡。更好笑的是，每次學校的新聞如果提到我們其中一人，報導中貼出的照片有時都不是當事人。

當年威斯康辛的亞洲人很少，我家孩子上幼兒園那一年，全校八、九成都是白人，整個幼兒園只有兩對華裔父母，一對是我和心村，另一對就是John和他太太Linda。我們都有兩個孩子，而且孩子年紀相近。某次學術活動，我和John終於有機會認識，進而發現我們的孩子居然上同一所學校，因爲雙方的生活經驗和價值觀都很接近，自然而然就成爲好友。

離開美國去了香港之後，我一直和John保持聯絡。在香港待了一年左右，

John 跟我說德州大學奧斯汀分校（UT Austin）要成立醫學院，他受邀去擔任腦外科和神經外科的教授，全家要從威斯康辛搬到奧斯汀。

既然是學校主動挖角，開出的條件想必很優渥。本來我以爲 John 會在奧斯汀長居，沒想到才過了三年左右，當時還在 COVID-19 疫情期間，我卻突然接到 John 的電子郵件，告訴我他要搬回台灣了。

我心想：「啊！這很奇妙，John 爲什麼會做這個決定呢？」我們兩個都在美國長大，中文能力都沒有英文好，頂多只能算是日常溝通沒問題，更何況當時 John 的孩子也都上高中了，會在這個節骨眼搬回台灣，對他或家人來說，應該都是很重大的決定。

John 回台灣任教一陣子之後，有一天我接到他的電話。他隨口提到國立清華大學正在徵求新校長，鼓勵我爭取這個機會，最後說了一句：「It's worth a look.」掛上電話後，我覺得內心似乎有些動搖，開始認真思考要不要爭取這個機會。

其實 John 要是去其他國家，就算是印度、羅馬尼亞……，不論任何國家，我都會好奇。但台灣對我們兩人來講，意義又特別不一樣。在接到這通電話之前，我從來沒有過回台灣工作、生活的計畫，也沒想過轉換跑道或離開香港。但 John

的建議，以及他決定回台灣任教的起心動念，都讓我感到十分好奇，聽完他做出這個決定的心路轉折後，爭取擔任清華校長的這個想法，似乎也在我心裡愈來愈具體。

對我來說，清華校長的機會很有吸引力，這是一個全新的平台，一定會讓我接觸到這輩子沒有碰過的東西。

清華校長的遴選過程，正好落在 COVID-19 疫情期間，所以全程透過網路。我很佩服清華做出這個有點大膽的選擇，畢竟我與清華沒有什麼淵源，加上在沒有跟我親身接觸過的情況下，同意由我出任校長，確實承擔了不小的風險。

直到確定成爲校長前，我連校園的景觀設備、宿舍長什麼樣子，所有一切，都是透過視訊、相片和網路資訊得知。回想起來，或許從接到 John 打來的那通電話開始，一切就是在一個對的時間，出現一個沒想過的可能性。這就好像是送到我面前的禮物，等著我去拆開它。這個禮物就是機會，一個嶄新的契機。對我來說，每一個選擇，都是老天送來的未知的禮物！

總結

1 做選擇的兩個關鍵：能否有新的學習、能否有所發揮和貢獻。

2 不知道如何選擇時，不妨想像：「如果今天就是生命的最後一天……。」

3 盡可能選擇能給自己帶來新挑戰和新視野的機會。

4 把人生的選擇當成未知的禮物，保持好奇與開放。

威斯康辛舊屋地下室梁柱上的全家簽名

校長週記

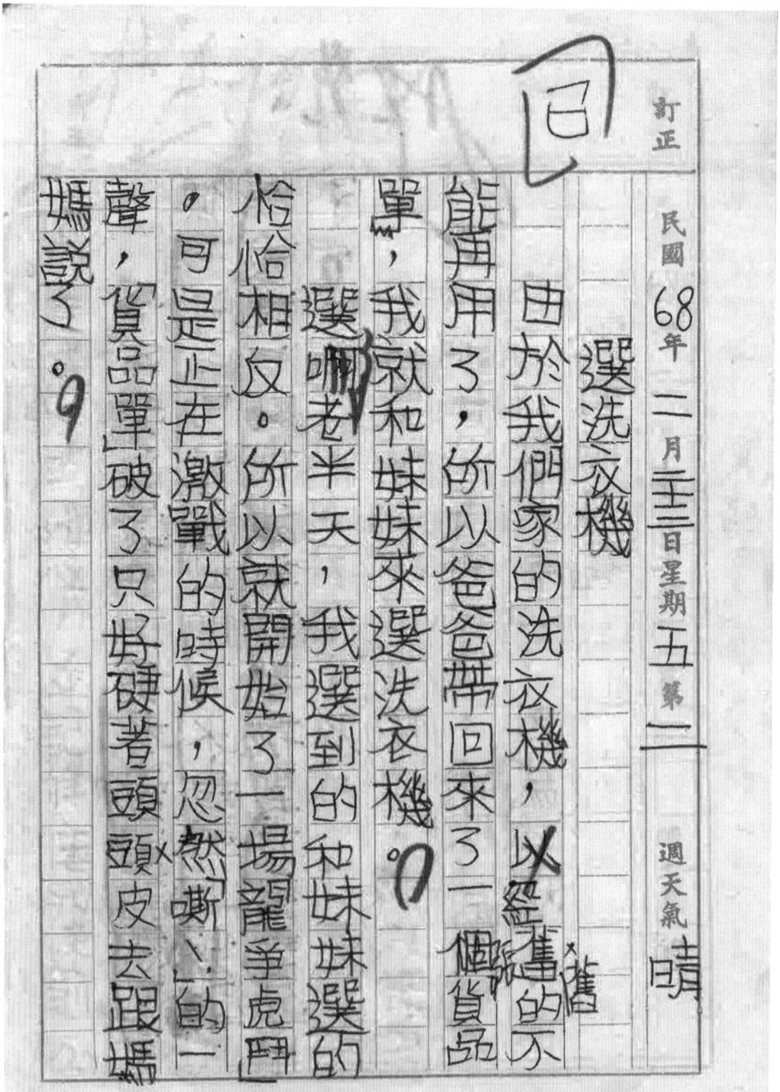

訂正　已

民國68年二月二十三日星期五第二週天氣晴

選洗衣機

由於我們家的洗衣機，以經舊的不能再用了，所以爸爸帶回來了一個貨品單，我就和妹妹來選洗衣機。

選啊選老半天，我選到的和妹妹選的恰恰相反。所以就開始了一場龍爭虎鬥。可是正在激戰的時候，忽然嘶～的一聲，貨品單破了只好硬著頭皮去跟媽媽說了。

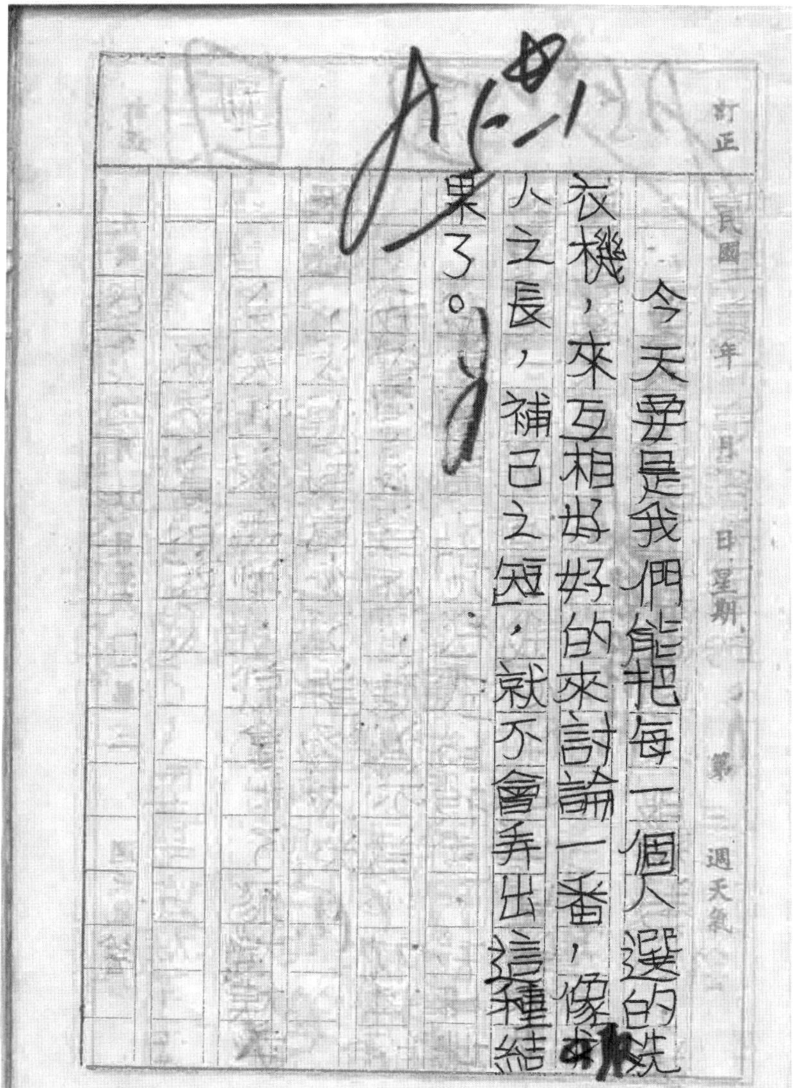
訂正
民國　年　月　日　星期　第　週　天氣

今天要是我們能把每一個人選的洗衣機，來互相好好的來討論一番，像人之長，補己之短，就不會弄出這種結果了。

第五章　未來就是今日的累積——用逆向工程拆解人生

這幾年與年輕學子或家長溝通交流時，經常感受到他們對未來有著強烈的焦慮與恐懼，原因之一是ＡＩ科技的快速發展，深怕自己的競爭力不足，會被ＡＩ取代，無法在未來的世界生存。

會因爲未來而感到不安的人，往往是假設未來已經成形，卻不確定那到底是什麼，擔心無法接軌，又不知道能做什麼，才會這麼恐懼。

其實未來還未成形。我們現在所想像的未來，往往是此刻所做的事情一點一滴累積出來的結果。未來並非是早已成形等著我們走去的終點，所以不需要擔心能不能與未來串接，相反的，只要每天都做一點點，我們想要的未來，就會慢慢累積成形。

每天進步百分之一，形塑你要的未來

「$1.01^{365} = 37$」，也就是1.01的三百六十五次方。試著把這個算式套用在讓自己努力進步的邏輯上，可以解釋成：每天進步百分之一，一年三百六十五天下來，就會成長三十七倍，十年之後就是 5,929,448,572,069,371 倍。雖然1.01看起來非常渺小，但是只要投入的時間夠多，一點一滴持續累積，就可以匯聚成驚人的能量。

我有幾個持續很多年的日常習慣，包括運動、記帳、煮飯，還有居家打掃。自從養成這幾個習慣之後，除了極少數非常特殊的例外情況，我每天都會撥出時間去做這些事。

很多人好奇我是不是有時間管理的妙招，才能在繁重的工作中，依然天天維持這些習慣。對我來說，做這些事就像每天都要刷牙、洗臉、上廁所一樣自然。因爲長期而持續的維持這幾個習慣，爲我帶來難以計量的正面影響，不只實質上讓生活過得更好，也帶給我很多快樂，讓我深刻體會到任何巨大的成功，通常是長時間累積的成果。

老天爺很公平，每個人的一天都是二十四小時，至於夠不夠，完全看個人怎麼規劃利用。

現代人很忙碌，手中總有很多任務要完成，但慶幸的是每天都有二十四個小時，我們可以區分出哪些事是當下非做不可，哪些事不必急在這一刻完成。如果有一項工作今天不想做也沒關係，可能它的重要性沒有那麼高。

剛接任清華大學校長時，我有機會去參加三天禪修，期間完全不能使用手機，全程禁語。我原本擔心學校要是臨時有急事或者突發狀況，可能無法及時收到通知，還特地做了一些安排。結果這三天世界照常運轉，一點都沒有受到影響。

這個經驗提醒我，有時候我們以爲某件事非常重要，非得馬上完成不可，但事情往往沒有想像中急迫。我當然不是建議大家躺平什麼都不做，而是提醒自己不要過度緊繃，在事件發生當下，先盡量找出各種可能性，進而區分出「緊急」和「重要」的次序。

有些時候，事情的確會一件接一件的來，感覺必須儘速滅火，馬上處理，但絕大多數的事件，不至於連幾分鐘也等不及。因此當我們的情緒起伏很大，或是情感波動強烈時，最好不要直覺式、反射性的立即做出反應。盡可能給自己五分鐘或十分鐘的時間平靜下來，找回理性和邏輯，然後再做出相應的判斷，其實幾分鐘的緩衝往往就能做出更冷靜客觀的決定。

運動幫助我靜心沉澱

我大概是讀研究所時開始重視運動的，至今大概有三十多年了。眞正促使我開始運動健身的原因早已記不得，不過當時還年輕，可能總是比較在意外表，也許是希望透過運動健身把身材練得好一點。

一件事情做三十年，不太可能一點變化都沒有。當初的運動方式和型態至今多少有些調整，以前住國外時，我喜歡在戶外跑步，回台灣之後，我就傾向使用室內跑步機。

運動健身的習慣爲我帶來很多好處。有時候工作繁重，下了班實在沒什麼力氣，又或是身心狀態不好時，總想偷個懶，忍不住跟自己說：「喔！今天膝蓋眞的好瘦喔！」但或許已經養成習慣，即使再累，我還是會堅持一定要運動。每次運動完，雖然流了一身汗，看起來很狼狽，可是往往會讓我發自內心感到快樂與平靜。

有時候狀態不好，重量訓練實在舉不動，我也會跟自己開玩笑說：「哇！今天的地心引力好像特別強大！」因爲知道狀況不好，就不會硬逼自己非得練多久或一定要扛多重，而是去做可以做到的程度，一來避免運動傷害，二來反正明天還會再來運動，等狀態比較好的時候，就可以運動得久一點，扛得重一點。

雖然有些事情不急著今天做，不過運動對我來說，是每天都不想放棄的事情。這些年，我開始了解運動對我之所以重要，是運動時，我可以專注的跟自己待在一個時空環境裡，完全只有自己。運動成爲我每天靜心沉澱的歸零時刻，而不只是純粹體力的鍛鍊。

現代人很少有機會跟自己對話，所以我運動時，就可以好好自我對話。我每天運動超過一小時，這段時間，不刻意想工作或其他生活上的事情，而是專心跟自己在一起。雖然難免會有些事情在腦海中來來去去，但我盡可能集中精神在每一個動作，專注當下。對我來說，那有一點像是在靜坐、冥想或是禪修。

所以每天工作結束後，去跑跑步、騎騎腳踏車，或是做一些重量訓練，對我來講，反而是自我清理和自我對話的重要時刻。運動不只幫我維持健康的身體，也讓我保持健康的心理。

岳母曾經開玩笑跟我說過，世界上有兩種人，一種是尖屁股坐不住，一種是方屁股坐下就不動了，而我就是典型尖屁股的人。

岳母說得沒錯，我一向是個好動兒，也很佩服運動員，因為運動提升的往往不只是身心健康，還有更多深層的鍛鍊，尤其是運動員精神的發揮。有一句話說：「跌倒了，站起來就好；今天跑最後一名，明天再努力就好。」然而說起來容易，要真正落實，需要強烈的毅力和精神，大多數人都很難做到。而運動就是培育運動家精神，強化個人毅力的最佳方法。

擔任清華校長之後，我積極推動校內的運動風氣。這幾年清華體育室推出「SUP立式划槳課程」，校方也積極爭取主辦全國大專校院運動會，預計二〇二八年會在清華大學舉辦。這些作爲都是希望能夠提升學生對運動的興趣，同時培育運動員精神。

分段完成每日工作

除了運動，每天早上起床後，我習慣順手掃掃地、拖拖地，整理一下家裡。天天打掃的話，良好的生活環境就不需要費太多力氣和時間來維持，不但能保持居家清潔，當外在環境變得整齊舒服，連帶的心情也會跟著清爽起來。

此外，至今我還是喜歡自己動手做飯，這是我從高中開始一個人生活就養成的習慣。只是煮了這麼多年，廚藝還是不怎麼樣，我都笑說只要生食變熟食，可以下肚就好。但無論好不好吃，都是自己親手做的，我還滿能自得其樂的享受親自料理的食物。

通常我會在早上花十分鐘左右，把買來的肉醃好、菜洗好，然後收進冰箱。下班回到宿舍，五分鐘就可以做好晚餐。我不會把全部的事情擠在一個時段裡一口氣完成，而是把事情分散，一次做一點，這樣就不會覺得太吃力而抗拒。累了一天回到家，可以很快吃到自己做的新鮮料理，晚餐後休息一下，消除點疲勞，也許就開始爲明天的餐點做些準備。

時間管理重在長期堅持，有時候碰上行程特別緊湊的日子，的確可能會壓縮到每天的例行工作。如果是事先就知道的事件，那麼當天也許早一點起床，當然前一天晚上也要早點睡覺，適度調整作息，好維持既有的生活習慣。萬一有緊急狀況或突發事件，就要依照輕重緩急來安排時間。

價值觀和責任感的養成

另一個持續多年的生活習慣是記帳，這也是我們全家人都有的習慣。我和心村都認同付出才有收穫的觀念，所以兩個孩子還小時，就和他們一起記帳。

住在威斯康辛時，我們大概每週會找一天全家去超市採購，回家的第一件事就是記帳。久而久之，兩個孩子也跟著養成記帳的習慣。對我來說，記帳沒有最正確的方式，重點在於學會量入爲出，透過記錄每天的收支，清楚自己有多少錢，知道錢用到什麼地方，每天記帳也讓孩子對金錢有概念，懂得珍惜金錢和資源，不會任意浪費。

爲了讓孩子明白有耕耘才有收穫的道理，他們還小的時候，我們甚至設計了積分制度，只要幫忙做家事，就可以累積分數，兩個孩子可以自行決定積分要換成現金，或是直接存到銀行帳戶。

不過等兩個孩子稍微大一些時，我們就告訴他們，全家人都應該負起分攤家事的責任，以後做家事不會再有點數可以換。雖然沒了點數，但他們反而有種自豪感，因爲他們知道爸媽已經把他們當成大人看待。

我和心村一向很在意孩子的價值觀與責任感，但孩子有天生的特質和個性，所以生活習慣的培養，我們一向不用嘴巴教，而是盡量不以上對下的角度，讓他們知道父母的原則，然後親自做給孩子看，孩子看久了，不知不覺也跟我們一樣，無論是早上起來順手整理一下床鋪或是每天記帳。

中文的「教」，或是英文的「teach」這個字，常常讓我有一種上對下的角度，好像是我知道什麼，所以我來教你。但我們與兩個孩子互動一向不太用這樣的切入點。從他們還小，我和心村就很少坐下來講一堆大道理，不只是因爲他們年紀小可能聽不懂，而是我們習慣親自做給孩子看，讓他們親眼看到因果關係，我們認爲這是比較好的方式，實際上也比較有效。比如上完廁所要沖水，不然就會產生臭味，或者是買了一盆植物就得澆水，不然植物就會死掉。

價值觀對小小孩來說可能比較抽象，但責任感的養成比價值觀更具體一些，因爲責任感是一種因果關係，無論三歲小孩或八十歲的老人，想要享受自由，就要承擔責任。

「責任」的層次很多，小到自我負責，大到對社會，甚至對世界的責任。但人一生中最困難也最基本的責任，是對自己負責任。如果一個人對自己或身邊的重要他人都沒有責任感，又怎麼可能期待他對大我有責任感。也因此，責任感必須從小培養，在成長過程中就要學習到，所有行動，都會帶來相應的後果，也就是我們必須扛起的責任。

網路上很多酸民每天抱怨這個、抱怨那個，如果抱怨時提出建設性的建議可以讓事情進步，這當然沒問題。今天的世界無論變成什麼樣，身爲世界的一份子，人人都有責任。就像「霸凌」的發生，從來就不只是霸凌者與被霸凌者，還有更多的旁觀者，而旁觀者其實也有責任，即使沒有參與霸凌，但看到他人使用暴力卻不作爲、沒有發聲，豈不像是默許。

每個人都有責任和能力去做出改變，雖然影響力有限，但只要在使得上力的地方多做一點，集結衆人的力量，持續足夠的時間，就可以產生巨大的改變，或是達成驚人的成就。

人生的逆向工程

工程學裡有一個叫做「逆向工程」（Reverse Engineering）的概念，簡單的定義是指把一個成品拆解還原，直到分解成最小的、最原始的物件。以房子爲例，就好像一一拆分蓋好的成屋，回歸組成這間屋子的最小零件，比如釘子、木頭、瓷磚、鋼筋和玻璃等，各種組成屋子的原始素材。

把逆向工程的概念用到人生的話，可以練習想像：人生最後一天，希望呈現什麼樣的狀態，身邊有什麼人、擁有什麼東西，或是累積了什麼人生經驗，然後從這最後一天往回推，找出現在要用什麼樣的「素材」去組合創造，才能朝著理想中的最後一天前進。

留意當下我們能做什麼、該做什麼、得做什麼，無論是完成工作任務、負責照顧家庭、確保身體健康、花時間和生命中的重要他人交流……，因爲生命過程所累積的點點滴滴，往往就是我們這一生最後成就的模樣。

我回台灣擔任清華校長前，一家四口一直生活在一起，家人的情感很緊密，價值觀也很相近。但我回台灣之後，兒子也去了英國讀書，心村和女兒則繼續留在香港教書和上課，一家人散居不同地方。

雖然如此，我們反而自然養成一個新習慣，在台灣時間每天晚上八點會視訊通話。這並不是非做不可的功課，如果有事情要忙，或是時間有限，就報個平安，一、兩分鐘也好，如果有空閒，或是有什麼事情想分享，線上聊個三十分鐘、一小時也不成問題。

之所以每天都這麼做，主要是希望我們不會因爲沒有住在一起而感情變淡。透過每天的交流，可以知道家人各自在日常生活中發生的事情，有什麼煩惱或值得開心的事，就好像還住在一起的時候一樣。

感情的累積與深化，往往在於對彼此生活的了解及參與，即使不在現場，卻又好像陪在身邊。

我認爲人與人之間的關係好壞，一樣可以用逆向工程的概念來思考，如果希望和家人或朋友的感情可以更親近，除了在對方人生中的重要時刻不缺席，或許更重要的，是在看似普通的日常，也能夠有機會表達關心或參與。

透過生活中的交流與分享，對生命中的重要他人有更多的了解，同樣的，也讓他人有機會更了解我們，很多看似平常的小事，如果能夠經常分享觀點，就算是抒發心情都好，隨著時間愈久，彼此的感情就會跟著愈好。

有些人不能理解爲什麼早上起床要鋪床，認爲晚上睡覺又會弄亂，每天來來回回整理實在非常浪費時間。不過鋪床這件事的意義，重點在於過程，是培養每天都能規律完成一件事情的習慣，對小孩來說，每天鋪床也是一種自律養成的過程。

當然，沒有鋪床習慣的人，未必就沒有紀律，不過選擇養成天天鋪床這個習慣，就像是讓自己選擇持續做一件小事，如果持續做，就會有信心去做其他更困難的事。

生活上長期持續執行的小事，通常沒有了不起的目的，也沒有非得如此不可。但是這些小習慣一旦做的時間夠久，就可能會對生命帶來意想不到的好處或是巨大的快樂。就像運動健身、每天記帳，還有每天晚上八點和家人視訊這些長期的習慣，早已如同吃飯睡覺一樣，成爲我每天的必然，我的生命也因此獲得許多超乎預期的美好。

總結

1 每天都做一點點，我們想要的未來，就會慢慢成形。

2 運動是跟自己的對話，讓自己靜心專注的時刻。

3 每天都要做的事，一次做一點，就不會覺得吃力。

4 分享看似平常的小事或抒發心情，更能促進家人親友的感情。

每天台灣時間晚上八點和家人視訊，讓我感受到什麼是幸福

校長週記

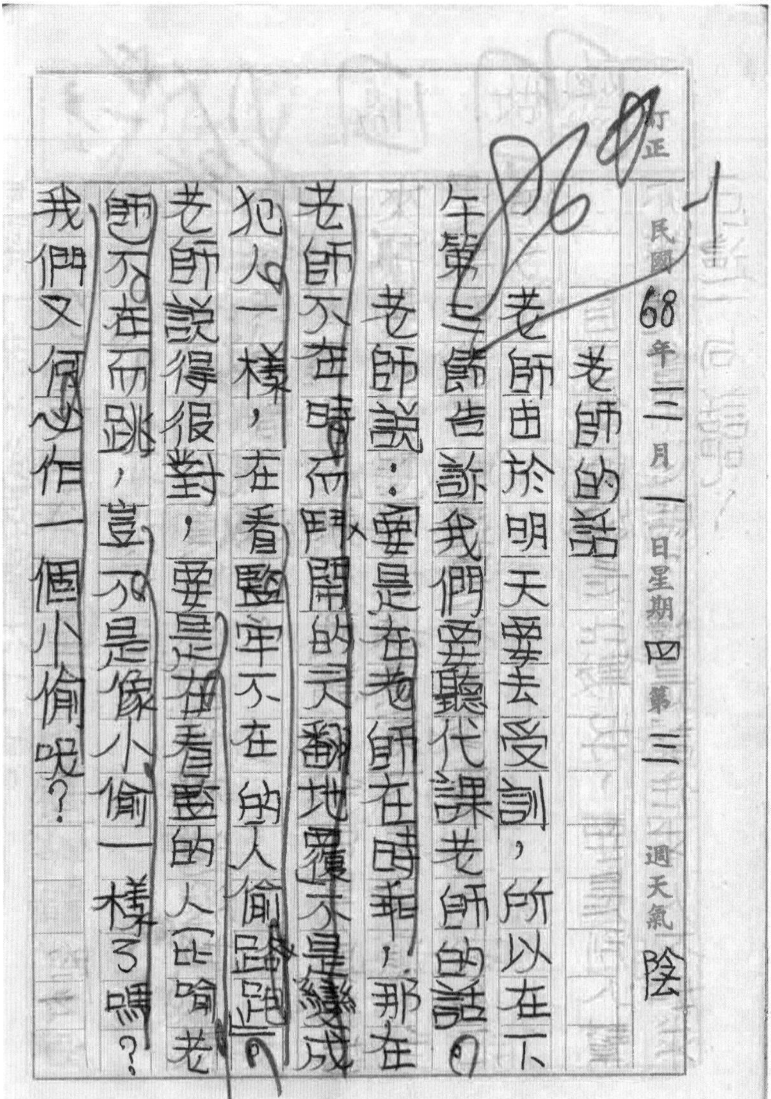
訂正

民國68年三月一日星期四第三週天氣陰

老師的話

老師由於明天要去受訓，所以在下午第三節告訴我們要聽代課老師的話。老師說：要是在老師在時乖，那在老師不在時而鬧的天翻地覆，不是變成犯人一樣，在看監牢不在的人偷跑。老師說得很對，要是在看監的人比喻老師不在而跳，豈不是像小偷一樣了嗎？我們又何必作一個小偷呢？

86

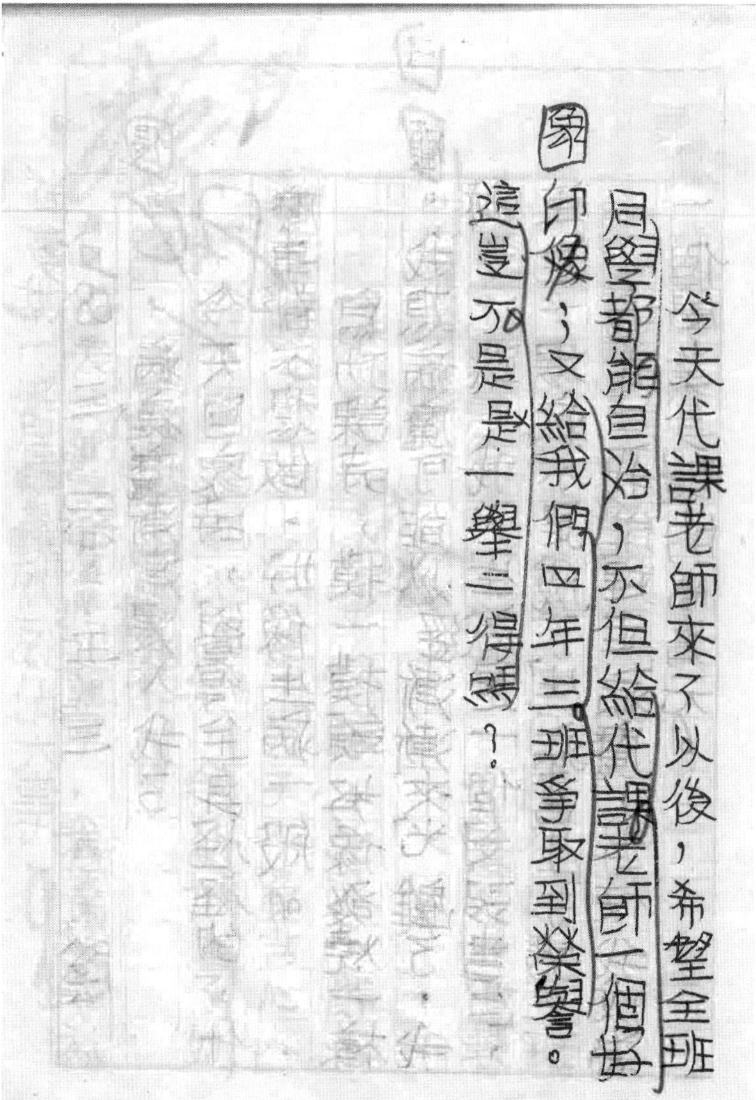
今天代課老師來了以後，希望全班同學都能自治，不但給代課老師一個好印象，又給我們四年三班爭取到榮譽。這豈不是一舉二得嗎？

第六章　人生的字典不該有「成功」與「失敗」

我曾經從無到有開了一家公司，最初根本不知道開公司是怎麼一回事。會想開公司，是因爲我在威斯康辛大學已經是終身職的副教授，但覺得好像還有餘裕，可以去做更多事情，尋找更多新的可能。

當時我研究的主題，是想了解材料和人體細胞之間如何對應，也就是材料放入人體之後可能產生的反應，在設計出新的材料配方及結構後，想進一步了解其中的機轉，結果發現在藥品中添加不同成分的材料，合成之後確實會影響細胞的反應，可以促進人體組織的復育，後續就爲這個研究成果申請了專利。

教授斜槓創業家

威斯康辛大學的農業技術研究很傑出，光是在牛奶裡添加維他命D這個發現，就讓校方取得多年專利權，爲學校帶來很多實際效益，因此威斯康辛大學十分重視專利保護，專利申請和技術轉移非常先進。當校方相關的法律、技轉等專業人員知道我的研究成果後，就積極協助我進行相關專利技轉等申請事宜。

許多專業意見都認爲我的研究滿有發展潛力，但需要資源挹注，於是開始尋求天使投資人和我洽談。最初我對創業一點概念都沒有，連什麼是天使投資人都不懂。但既然有人有興趣，我也就約了談談看。後來找到一位我認爲彼此想法和價值觀相近，而且對新創投資很有經驗的投資人Richard。

Richard從事技術轉移相關工作多年，他是名富商，有自己的基金，投資重點主要鎖定還在發展初期，風險相對較高，但有潛力的生技相關新創公司。他本身不是技術背景，但投資經驗豐富，和他互動的過程，反而是我學到很多。

我們談得很投契，後來他跟我說，如果要合作，我需要成立一間公司。這讓我有點吃驚，感覺開公司和我的本業好像有點跳太遠了。幾番考慮之後，我決定創業。

Richard 說如果要成立公司，就需要融資，還要組織一個團隊，並且找出自己的定位。由於我的專業背景是技術本身，但經營一家公司，從管理、財務等各種面向都需要專業，再加上技術轉移的過程有很多法規、認證和檢驗等事務，我也完全不清楚，這些事情都必須交由專業人員執行。

Richard 擔任天使投資人多年，自然有經驗也有豐沛的人脈。在他牽線引薦下，我們開始與一些有新創產業經驗的人洽談，最終找到具有業界經驗的CEO負責行政工作，同時爲了深刻了解終端使用者的需求，以判斷技術和產品是否符合市場趨勢，還聘了一位經驗豐富的臨床醫師，藉以提供終端使用者的眞實看法。幾經努力之後，終於慢慢的把團隊建立起來。

創業最重要的是「人」

一直到團隊組成前，Richard 都沒有承諾要投資，因爲他必須先等成員到齊，看看團隊的樣子，才能決定。我們的團隊總共也就四個人，但光要找齊就花了一年多。除了前述的CEO以及臨床醫師，我則擔任CSO（Chief Scientific Officer，技術長），除此之外還請來一位負責業務的COO（Chief Operating Officer，營運長）。

這個過程讓我學到，新創產業在尋求融資的過程中，技術只是因素之一。投資人最重視的是團隊，也就是人。新創產業的風險很大，平均生命週期只有一年，百分之九十以上的新創公司都沒辦法存活超過一年，也就是說，有百分之九十以上最終以失敗收場。

技術每天都有變化，今天的先進科技，明天可能就落伍了。公司也是一樣，有起有落，高高低低。再怎麼先進的新技術，只要金錢足夠就買得到，再不然就像跨國企業的藥廠自行投入研發。大藥廠本身往往具有強大研發能力，因此新創產業最重要的資源不是技術，而是組成的團隊成員，也就是「人」。這個學習對我很受用，直到現在，人是最關鍵的資源這個觀念，都還是我很認同的信念。

這次創業開公司，對我日後出任香港大學副校長很有幫助。我負責的工作有許多與產業交流的需求，因此較能了解業界和校方在從事產學合作時，各自會有的顧慮或期待。後來我參與香港生醫科技園計畫，協助落實將公部門的政策方向與生技產業接軌，從相關的基礎建設、園區制度建立，再到協助團隊組成，以及與業界溝通。因爲有之前創業的經驗和體會，在了解各方痛點與需求時，對我帶來很大的幫助。

創業之前，我一直在學校教學、做研究。很多資深教授認爲學術就是努力發表論文，直到累積夠多數量之後，就可以升等，然後一路從副教授升上教授，最後取得終身職。抱持這種觀點的教授，對於我選擇開公司感到很不解，甚至覺得有點不務正業。

當然也有些老師對我的選擇表達正面支持，因爲透過產學合作可以更眞實的了解市場，或者更了解社會眞正的需要，如此一來，在研究如何提供解決方法時，就會更加貼近眞實需求。

不過無論是比較傳統、學術、象牙塔的觀點，或是比較開放、實務、多元化的想法，沒有哪一個比較好或比較不好，就像產學合作在台灣也是最近這幾十年才比較受到重視，之前根本沒有這樣的機制。隨著時空背景的變換遷移，很多事情的判斷和觀點，自然也會跟著有所變化。

成功不只有一個面向

創業開公司對我來說是全然陌生的領域，我完全不知道要怎麼開始。Richard跟我分享他過去創立公司的經驗時，讓我最好奇的是他告訴我：「開公司之前，得先想清楚退場策略！」我覺得這個思考角度很有意思，公司都還沒開張，居然就要先想著怎麼退場。這個提醒很有趣，讓我很想深入了解。

回想剛到威斯康辛大學報到時，在新進教職人員的迎新會上，校方特地安排了一個工作坊，詳細介紹學校的硬體設備及升等、薪酬等相關制度。此外，校方還特地安排了一個以如何規劃退休爲主題的工作坊，這讓我覺得很有意思，雇主怎麼會跟才剛聘雇進來的新進人員，討論未來在這個崗位退休的事宜呢？我想，除了是雇主願意承諾好好照顧員工之外，另一個潛在的意涵，應該是預期新進人員會喜歡這份工作，願意一直在這裡工作到退休，才會在迎新會上，就談到退休機制和相關規劃。

對我來說，這就像是組織的一個宣誓，是雇主展現對員工的責任感，我認爲這實在太棒了！我喜歡這樣的文化和價值觀，這也許是當年我才到威斯康辛沒多久，就決定在當地置產的原因。

我問 Richard 什麼是「退場策略」，他說如果我開了一家專注從事研發的公司，公司的價值會提升，我可以做產品、賣東西。但一家公司還有很多賺錢的方式和機會，例如將技術轉移賣給別人，或是跟其他公司合併，當然也可以把公司整個賣掉……，總之有各種可能性。

他提醒我的是一家公司從無到有的創業過程，一定要有策略，獲利模式有很多種，不要只局限在開公司、賣東西的框架裡，因爲企業並不是只有銷售產品才能獲利，還有很多策略思考可以創造公司的價值。

Richard 這番話點醒了我，原來開公司不一定要悶著頭從零走到一百，只要有策略性的發展規劃，「獲利」的定義可以有多樣的變化和彈性。經由他的提醒和說明，我才慢慢了解，原來創業成功的定義，並不只有一個面向。

很謝謝 Richard 願意跟我分享他創業以及從事新創事業投資的經驗，我非常認同他對創業的看法。Richard 早已透過投資賺了很多錢，沒有在短時間內快速累積更多金錢的需求，但他很樂意分享經驗。事實上，比起直接拿錢來投資我，他願意花時間跟我溝通，和我分享他的經驗，讓我覺得更有價值。

保持開放，不堅持事事主導

籌組團隊歷時一年多，好不容易人員終於到齊。但公司成立初期既沒有現金，也沒有資本，大家都是因爲對我們的技術有信心，相信未來具有發展潛力，才會願意在什麼都沒有的時候就全心投入。後來我們發現，團隊裡的成員都具有相近的核心價值，而我認爲，這正是最重要的條件。

擁有相近的核心價值，並不是說四個人的個性都一樣，反而比較像是我們都有自己的個性，但彼此能夠互補，並且互相認同對方的重要性，也因爲有相近的核心價值，所以在做決定時，可以朝著共同的目標前進，大家對於最重要的事情也能很快取得共識。

投資者一向清楚新創公司的成功率非常低，看過那麼多新創公司的 Richard 當然也知道。我曾問他，時間成本那麼寶貴，爲什麼他願意花時間在我身上，和我分享這麼多，還教我那麼多事情。

Richard 說，他之所以願意投資，除了對我們的技術好奇，想知道我們是怎麼做的，另一個關鍵是他在跟我討論的過程中，發現我是想法比較開放，很願意接納不同意見的人。Richard 看過不少教授帶著研究成果成立公司，卻不由得想要主導控制一切，深怕研究多年的心血交給公司後，一旦公司交由他人管理，日後就會失去主導權和控制權。

隨著時間的推進，核心技術自然會產生變化，就像我們公司最有價值的地方，並不是擁有的專利，而是整個研發過程中累積的數據和經驗。這些數據才是讓技術可以從抽象的書面理論，落實成具實質意義的技術或產品的關鍵所在。因此公司的所有權和決定權，必須因應外在情況隨時做出調整，有時創辦人的權力難免會被稀釋，這時就必須做出更多妥協，但創辦人如果一味堅持主導公司的走向，就容易做出錯誤決策。

想一想，我個人確實比較不介意把權力交給專業經理人。我不堅持凡事都要主導，反而還滿習慣開放的去理解和討論，對於我所不知道的事情，如果有人可以告訴我，我很願意聆聽和學習。我想這應該就是所謂的 open minded，只是開放的態度講起來容易，但實際去做往往很困難。我一直認爲，若是幸運找到適才適任的人，自然應該給予空間，讓人才和能力得到最好的發揮。

公司創立幾年之後，有一位買家出現，開出不錯的收購條件，我也覺得自己能做的事情好像不多了，我應該還有別的事情可以做。加上當時小孩出生，時間上較為吃緊，既然我已從這個平台學到很多，就不必捨不得放手。所以在和同仁商量後，決定賣掉公司，解散團隊，獲利了結。

不要無止境累積同質經驗

整個創業過程，從籌組團隊、成立公司，到最後把公司賣掉，正好反映出我一直以來做決定時，習慣從「平台」的角度切入，思考眼前的這個「平台」是不是還有新的可能或學習，如果已經沒有太多新的東西，或是覺得已經夠了，我就會選擇放手，如果只是不斷累積一樣的東西，對我來說實在沒什麼意思。

「放手」很重要，但執行起來很困難，所以才說在進場前，就要考慮可能的退場機制，這是一種策略性思考的練習。很多人以為策略性思考是指想做的ABCDEFG……，但如果只是持續往前走，很可能累積的都是一樣的東西。事實上，在資源、時間、心力都有限的情況下，更重要的策略性思考，其實是選擇不做什麼，甚或是決定何時退場，我認為這才是更有意義的策略性思考。

創業的過程中，我學到滿多東西，而且我們也的確做得不錯。但當有興趣的買家出現時，我們並沒有抗拒，反而是思考：「Why not?」要放掉自己從無到有建立的公司難免捨不得，但也許是我這輩子實在搬過太多次家，在不斷練習捨棄的過程中，早就體會再捨不得的東西，一旦捨棄，日子還是一樣可以過下去，我也因此愈來愈能大方放手。

當然有時難免會想，如果當初做了不同的選擇，是不是會有不一樣的發展？但我往往不會糾結太久。我相信生命總有其他新機會，會有可以讓我累積更多不同經驗的新平台出現，同時擴大我的生命廣度和深度。這麼一想，就可以告訴自己：「往前走吧！」

失敗可能成爲一生最大的祝福

失敗往往帶來很多學習，今天所謂的失敗，可能是讓我們預做準備的契機，等下一次機會來臨，就能有明顯的進步。如果把時間拉遠一點來看，人生其實一直在進步，要是失敗就不再嘗試，那嬰兒學走路的每一天，不都在面對失敗，難道會有父母跟嬰兒說算了，不要再學走路了嗎？

我們看到有人跌倒了，總忍不住想著「要自己想辦法站起來啊」，只是說得簡單，若發生在自己身上，眞正要起身的那一刻，可能會用一大堆理由做爲站不起來的藉口。

一個人遇到挫折，最重要的是看他怎麼再站起來。這個道理已經被講爛了，可是聽起來老套的話，卻還是一再被提及，往往因爲這是很多人親身體驗的眞理，這些看似簡單又老套的理論，通常都很關鍵，卻很難做到。很多道理我們都知道，困難的往往是如何落實，並且持續做下去。

人生中絕大多數的外在狀況都不是我們能夠控制的，所以才有人說人生是一種「禪」，要學著寬容平和的接受事實，才會比較快樂，不至於因爲無法控制外在人事物感到痛苦。把焦點放在可以做的、該做的事情，盡力守分的做好，並坦然接受人生本來就充滿未知數，很多事情的發生，說是緣分也好，命運也好，總之不要太過執著才好。

我一向很少用「成功」或「失敗」來判斷一件事或一個人，我認爲不管是日常生活，或是工作上的任務，「成功」或「失敗」這種二元的定義，並沒有什麼意義，因爲很多時候我們以爲成功的事情，其實可能是通往毀壞的路徑；反之，當下看起來的「失敗」，卻可能成爲一生最大的祝福。有些人沒日沒夜的拚命工作，把身體健康和家人朋友拋在腦後，就算賺到很多錢，卻失去更多，聽來像是電影電視中的情節，卻是眞實發生在我們生活周遭。

總結

1 對各種可能性保持開放心態。
2 「人」才是最關鍵的資源。
3 如何好好退場，也是策略性思考的一環。
4 選擇不做什麼，可能比要做什麼更重要。
5 不用「成功」和「失敗」做爲判斷的標準。

**If you want something you've never had,
you must be willing to do something
you've never done.**

如果你想得到從未擁有的東西，就必須去做從未做過的事情。

——美國第三任總統湯瑪斯・傑弗遜

第七章 一生中最難回答的問題

我爸爸生於一九四二年，屬馬，媽媽小他一歲，一九四三年生，屬羊，如今他們都已八十多歲了。爸爸一向好客，喜歡交朋友，個性海派，高中時還跟同學組成「十兄弟」。

外婆在我媽媽還小的時候就過世了。身為長女，她從小就要照顧弟弟妹妹，高中就開始打工賺錢，因此，我總覺得媽媽好像心事重重，彷彿扛了很多責任在身上，事實上或許也是如此。外公後來娶了第二任太太，又生了幾個小孩，我一共有十二個阿姨和舅舅。媽媽一向很照顧弟弟妹妹們，對我的阿姨和舅舅來說，她就是像母親一樣的大姊。

我最小的阿姨才大我十歲左右，而我的小姨丈就是知名導演吳念眞，從小我就很常跟小阿姨和小姨丈混在一起，直到我出國之前，他們的約會無論是散步或是看電影，經常得帶著我這個電燈泡。

不同的時代，男女的責任分工也很不一樣。我小的時候，社會風氣的主流還是男主外、女主內，當時媽媽也有工作，可是整個社會依然把照顧小孩的責任放在女性身上，認爲男性只要負責賺錢養家就好，也因此我小時候多數的記憶，好像都和跟媽媽在一起。

擺脫省籍情緒，打破社會禁忌

我爺爺是一九四九年才來到台灣的外省老兵，因爲打過抗日戰爭，所以他堅決不吃日本菜。反觀媽媽的家族，則是典型的本省家庭，每個人從小都有日本小名，在外公家處處可見日治時代留下來的生活印記，外公更是當時少見曾留學日本的台灣人。

當時本省人和外省人要結婚並不容易，更別說我的爸爸和媽媽都姓高，同姓通婚在當時更是大忌。但說也奇怪，爺爺奶奶和外公外婆居然同意讓他們結婚。那個年代省籍情結明顯，十分強調個人的籍貫與出身，嚴重的話甚至還會互相仇視，爸媽雖然從來沒有特別強調他們能共組家庭有多麼不容易，不過我從小就感覺得出來。

本省人和外省人有很多文化背景上的差異，印象很深刻的是，小時候去爺爺奶奶家跟去外公外婆家，兩邊給我的感覺差異非常大，光是煮飯時冒出來的飯菜味道就很不一樣，更別說居家布置或生活方式。

我爺爺是老兵，他家客廳牆上很自然的懸掛蔣中正總統的照片，篤信天主教的奶奶還在照片旁邊掛了一個十字架。爺爺奶奶都是北平人，講話腔調是標準的京片子。爺爺非常喜歡國劇，他的房間永遠可以聽到梅蘭芳在唱京劇，爺爺去世之後，留下好多梅蘭芳的錄音帶。

至於外公家的客廳，則在正中央放了一張神明桌供奉祖先牌位。用餐時間一到，全家人就圍著一張大桌子，坐下來一起吃飯。

可以想像媽媽和爸爸小時候吃的東西一定很不一樣，但從我懂事以來，媽媽就煮得一手外省好菜，媽媽說她的外省菜，從包餃子到打滷麵，都是奶奶親自一點一點教的。我猜媽媽嫁給爸爸，到後來能成爲奶奶心目中的好媳婦，絕對不是一件容易的事。

雖然爸媽各自的原生家庭給我的感覺天差地別，但對小孩子來說，其實也只是不一樣。

說起來，本省和外省就只是一個刻板化的標籤，用這樣的方式區分，覺得本省人就應該這樣，外省人就應該那樣，是很粗魯也沒有什麼道理的。我很佩服爺爺奶奶和外公外婆，即使大環境讓本省人和外省人之間產生莫名的隔閡，但他們還是尊重孩子的意願，同意他們結婚，也才有了今天的我。

我常常會想，我之所以成爲今天的我，很可能跟出生在一個多元環境有關，或許更早一點，從爺爺奶奶相遇的那一刻，就注定我們是一個不太典型的家族。

右傾憲兵偶遇左派女子

爺爺和奶奶相遇的時空背景很奇妙。當初爺爺抗拒家裡人爲他安排相親，索性離家出走，選擇從軍當兵。但也正是這個決定，爺爺初遇奶奶的場合，居然是在一個左派份子的活動集會裡。爺爺是保守右傾的憲兵，奶奶則是打扮中性的極左派。

奶奶出生在富貴人家，讀大學時剪短髮、著男裝，行爲舉止與穿著打扮都十分前衛。哪裡知道和爺爺交往後，奶奶完全變了一個人，不但加入國民黨，甚至連打扮都一改原本率性的風格，變得保守傳統。日後我在照片裡看到的奶奶，總是穿著合身旗袍，非常端莊，實在很難想像她有過那麼叛逆的時期。

當年奶奶在集會場合被爺爺抓起來時，原以爲會有牢獄之災，甚至可能有生命危險，沒想到奶奶進到警局沒多久，很快就被釋放，緊接著爺爺就約奶奶去北海公園划船。我想爺爺第一眼見到奶奶時，應該就已萌生好感，奶奶很快就被放出來，爺爺想必在其中幫了一些忙。

他們結婚沒多久，中國就開始抗日戰爭，爺爺帶著奶奶跟著軍隊移動，我爸就在重慶出生。當時爺爺的軍隊被派到緬甸、印度，然後一路逃難，最後落腳台灣。那應該是一段很艱辛的日子，但多年之後，爺爺奶奶才小心翼翼的跟我們透露一點點那段逃難時期的往事。

帶著孩子做族譜

我的兩個孩子都是土生土長的美國人，出生在威斯康辛這個奶牛比人還要多的農業州。威斯康辛有著非常典型的傳統美國文化，跟紐約或加州那樣的移民社區很不同，那裡的人熱中美式足球，每到週末，路上的人群總是穿著威斯康辛大學校隊的紅色制服，或是代表威斯康辛州所屬職業美式足球隊的綠黃制服。

剛到威斯康辛那幾年，我們一家是社區裡僅有的亞洲人，兩個孩子在這裡成長，既安全也快樂。儘管如此，我和心村還是希望孩子對自己原鄉的文化背景能有所了解，因爲那裡有一群跟他們有著血緣關係的親人。我們從孩子還小時，就會跟他們討論血緣，不時提到在亞洲的親友，也教導他們認識血緣和親屬關係，因此他們很熟悉「血緣」的意思。如果跟他們談到「表叔的太太的媽媽」，他們很快就能分辨出這個親戚應該沒有血緣關係。

二〇一〇年，我和心村各自向學校申請了爲期一年的學術休假，心村受邀到國立政治大學擔任客座教授，我正好也想多一點時間留在台灣。那時兒子七、八歲，女兒四、五歲，爲了讓孩子對家族親戚有更具體的認識，我決定帶著他們一起親手編製高家族譜。

我們不只做我爸爸家族的族譜，同時也做了我媽媽家族的族譜。孩子跟著我做完之後，對家族第一代、第二代、第三代……的親屬關係，以及親戚之間是否有血緣，都能看得很清楚。對孩子和我來說，編製族譜是一件很重要，也很有收穫的事。

做族譜很花時間，幸好當時已有不少電腦軟體，可以比較有效率的整理編輯文字、圖片和照片等資料，甚至還能把家族成員的關係畫成樹狀圖。第一個版本的族譜完成時，我們把它列印出來，趁著家族聚餐的時候，貼在餐廳牆上，拼成一大張樹狀圖，親友們一邊看，一邊順手補充各種細節。

當天兩個孩子既興奮又開心，臉上滿是渴望，想搞清楚整個家族的樣貌，我第一次看到他們對一件事情這麼有使命感，讓我印象好深刻。

隨著時間過去，陸續有家族成員去世，自然也有新成員加入，族譜每一陣子就有變化，必須經常更新。對我來說，那一年和孩子決心開始整理族譜，真的是一件非常有意義的事。

生命的根源及傳承

在製作族譜的過程中，我發現原來自己並非純漢人。奶奶有一半旗人血統，所以爸爸有四分之一旗人血統，傳到我則是八分之一。我們的旗人祖輩屬於「正黃旗」，負責守護皇宮貴族的靈位，一向有「守陵人」的別稱。難怪我一直覺得奶奶和爸爸跟大家長得有點不一樣，爸爸的眼珠是很淺的咖啡色，我女兒的眼珠跟她爺爺的一樣淺，這就是基因的厲害之處，時時提醒自己的根源，別忘記一切言行作爲都會成爲高家的歷史。

製作族譜時，我們不只畫了樹狀圖，也希望能夠記錄家族的故事。親友們貢獻了很多家族往事，還翻出一些老照片，有時一個親友起了頭，其他人也跟著記起一些很久沒提的往事。分享族譜的過程，讓整個族譜愈來愈豐富，可惜故事實在太多，無法把所有家族成員的生平故事都寫下來，只能選擇記下大家認爲比較具有關鍵意義的事件。

一個家庭的成員，無論是爸爸、媽媽或小孩，所有人之間都會相互影響。有時一瞬間做出的決定，可能影響一群人未來的人生。就像當年爺爺選擇離家出走，才會遇到奶奶，而原本極端左派的奶奶，在遇到爺爺後卻產生一百八十度的改變，正是爺爺的出走和奶奶的改變，創造了我們的命運。每次想到這裡，就覺得一切實在是太奇妙了。

製作族譜對我來說就是一場尋根之旅，雖然講起來好像是別人的故事，但我深刻的意識到，自己今天的樣子，都是傳承自家中長輩和祖先，除了具體的血統和基因，還有其他抽象的態度和性格，才會造就今天的我。

一身的標籤

當年知道爸媽要帶我們去美國時，我興奮極了，去學校忍不住大講特講，不斷向同學炫耀我要搭飛機去美國了。那時台灣的外交和政治環境都很緊張，很多西方國家都與中共建交，在那樣的時空背景下，很多人都想移民美國，尤其是許多家長爲了孩子，更是想盡辦法要把他們送到美國。

記得媽媽跟我說，全班成績最好的女同學的媽媽很羨慕我們可以出國生活，希望她女兒日後也有機會。聽到媽媽轉述這段話，我心裡很阿Q的想著：「她考試那麼厲害，我根本贏不了，但是我至少可以出國，總算也是贏了她一回。」

移居到美國之後，我遇到很多不同國籍和文化背景的人。曾經有好多年，我一直苦惱怎麼樣才能找到自己的定位與認同，尤其面臨搬家、升學和轉職等重大抉擇或變化的時刻，我就更想知道「我是誰」。

其實關於「我是誰」這個問題的答案，背後往往代表著很多標籤：我是台灣人、我是華裔、我是科學家、我是大學教授……。這或許是人在追求自我認識的過程中，必然會有的掙扎。一直到這幾年，包括回台灣擔任清華校長之後，我已經接受可能永遠找不到這個問題的答案。因爲在這個過程中，我很清楚自己非常抗拒被局限在特定的身分裡，只是在接受這個問題可能永遠都不會有答案的同時，我也得接受自己因此很難有踏實的歸屬感。

一直以來，我很難隸屬於某個明確的圈圈，從小到大我好像總是個圈外人，這樣的狀態也讓我思考另外一個問題，特別是在搬到美國之後，我很常自問：「家在哪裡？」

心村跟我有類似的成長經驗，所以「家在哪裡」一直是我們很常聊的話題。我們談過好多次退休後晚年要在哪裡落腳，甚至百年以後，想長眠在什麼地方。

不管是回到最初的原鄉，還是新的地方，現在都還沒有答案。我想我可能這輩子必須一直探索「我是誰」和「家在哪裡」這兩個問題，直到生命最後一刻。

做自己，不刻意擺脫某個標籤

每天接觸那麼多人，難免希望別人對自己的認識和想像能接近實際情況。每個人都同時扮演很多不同角色，例如身爲父親，希望在小孩面前是一個稱職的父親；身爲老師，進到教室裡，希望學生們認同自己是老師……，但太多期待往往帶來很大壓力，因爲我們無法控制別人怎麼認定我們，別人對我們的看法，往往又會回過頭來影響自我認同。

如今我已不會再刻意想找到答案，雖然跟某些人對話交流時，還是會感覺到對方把我放進一個框架裡，或者給我貼上「台灣人」、「美國人」、「小留學生」等各種標籤。有時我會考慮糾正對方，想強調我不只是他以爲的那樣，想說明我在哪裡生活過、曾住過什麼地方、我的家族組成有什麼樣的元素……。但無論我再怎麼想修正，很多人還是只會用一種簡單明瞭，卻也有點粗暴的方式來定義我，絲毫不願修正既有的想法。

我相信很多人有跟我一樣的掙扎，現在我通常不多做解釋，選擇用比較彈性的方式去因應。對方認爲我是誰，我就扮演他期望中的角色，如果對方期待我是美國人，我就展現自己美國人的面向；期待我是台灣人，那我就展現屬於台灣人的特質。像我這種「第三文化小孩」，本來就是所謂的「文化與文化間的漂流者」，我可以很美國，也可以很台灣，甚至還能很歐洲，不過每一個都只是部分的我，反正只要我的內在可以做自己，其他的也許就不必太在意。

看起來好像是我被他人決定了自己的樣子，但對我來說，更像是一種「賦權」，也就是當我需要因應外在的人事物時，不必扭曲自己來符合他人的期待，而是像在玩遊戲，可以在過程中更靈活的去調整，我也因此更確信自己是一個多元的人，不必刻意追求或擺脫某個標籤。

思考「我是誰？」

我這個年代的人，在「第三文化」情境下成長的人還是少數。當年出國機會難得，出國人數比現在少很多。我花了滿多時間摸索，然後一再調整自己，因此關於「我是誰」，我想這是一輩子都要思考的議題，我自己就是如此。

如果你還年輕，就為了這個問題苦惱，這已值得為自己感到驕傲，因為會問這個問題，甚至意識到這是重要的問題，絕對是具有獨立思考能力的人才會有的困擾。

人要能眞正獨立，想辦法用自己的力量存活，不仰賴靠山，眞的很不容易。只有眞正獨立，才能夠反思。因此光是能夠察覺到這個問題，並且開始思索，就很了不起了，表示這是一個有勇氣，也懂得用腦的人。

再者，我還想跟為此苦惱的年輕人說，這個問題不會有一個簡單的答案，也不會有所謂的正確答案，更沒有錯與對。但光是去思考這個問題的過程，就足以讓一個人更加獨立，更有自信，進而更深入的認識自己。

我爸爸以前很喜歡唱美國著名歌手法蘭克．辛納屈（Frank Sinatra）的名曲〈My Way〉，有一句讓我印象深刻的歌詞：「I did it my way.」人活了一輩子，要一路走來都忠於自己的選擇、按照自己的想法生活，說得簡單，做起來卻非常難。如果一輩子只追求自己想要的，而不是別人覺得重要的東西，我認為這實在很了不起。

所以，光是懂得思考「我是誰」或是「家在哪裡」，就已經很難得。而尋找的過程，遠比找到答案更重要，因爲過程中，可以開發智慧、愈來愈認識自己。對我來說，思考這個問題及找尋答案的過程，就是自我成長與學習的歷程。

「第三文化小孩」看世界

一直以來，我們的教育總是強調什麼事情都要找出答案，可是眞實的人生通常不是直線發展，大多數事件都以迂迴曲折的方式呈現。今天以爲找到了答案，明天發現這個答案之外還別有洞天。

待在威斯康辛十七年，我們一家幾乎每年都會回亞洲住一段時間，所以兒子和女兒對亞洲的都市樣貌、人情文化或生活型態，都有相當了解。只是他們在威斯康辛出生成長，當然會認同威斯康辛是他們的家鄉，兩個孩子是標準意義上的「第三文化小孩」。我認爲，這樣的過程讓他們學會用更廣的面向和更多的包容看待周圍的事物，這是滿好的一件事。

我曾在美洲、亞洲和歐洲的大學任教，無論什麼國家的小孩，從生活重心的安排到人生藍圖的想像，都會受原生家庭和成長環境的影響。每次被問到美國和台灣，或是歐美和亞洲的學生有什麼不同時，我總覺得這些問題背後帶著強烈的刻板印象，似乎期待會聽到美國學生比較活潑外向，亞洲學生比較安靜內向，或是歐美學生較爲開放，而亞洲學生比較保守等符合既定印象的答案。

實際上，我接觸到的學生，無論國籍、階層、性別、種族、膚色……，即使在相對開放的社會，也會有十分重視宗教信仰，恪守固有價値，家庭觀念相當守舊的人；反之，再保守的社會，也有思想較爲前衛，強調個人自由，不在意傳統禮俗的人。

一種米養百種人，我的親身經驗是，不管歐洲、亞洲或中南美洲，其實沒有什麼台灣人都這個樣子，或是美國人都那個樣子的絕對準則。

這也是我一向避免把少數個案的狀況，套用到特定族群或團體上的原因。我希望人與人互動，不要過分強調刻板印象，每個人的生命故事都不一樣，這世界不會有完全相同的兩個人。

家在哪裡？

現代人買張機票隨時可以到不同國家，可能因爲太方便反而比較不會去思考這些事情，出國多是要去旅遊，短暫停留後會回到原地。這自然和當年我跟著父母移居國外，後來又爲了完成學業獨自一人待在異鄉的心境很不一樣了。

因爲各自職業和求學的關係，我們一家四口分散在幾個不同地方，所以「家在哪裡？」這個問題更加被凸顯。但我們全家人都認定，所謂的「家」，就是家人心所在的地方。我們說好，台灣時間每天晚上八點，一家四口都會視訊碰面聊天，分享生活大小事，也因此即使處在不同空間，心還是很靠近。雖然無法天天聚在一起，但一想到心村和兩個孩子，就讓我感到溫暖又安心，我想那就是家的感覺。

我們的感情並沒有因爲距離而變得疏離，可能跟一家人總是敞開心胸，無話不談有關。比如說我們家從不忌諱談論死亡，兩個孩子從小就知道生命總有結束的一天，所以我早早就把自己對於生命終結時的想法和願望，明確告訴孩子：「爸爸死掉的話，請不要把我埋在土裡，遺體火化後，請把骨灰撒在不同的地方，最好是海邊。」還有不要插管、不要急救，不管那一天來臨時，我人在哪裡，都請他們按照我的意願去做。現在兩個孩子大了，很清楚我的態度，也都已經承諾會按照我的要求去做。

總結

1 透過製作族譜去了解家族歷史與血緣關係。
2 「我是誰？」和「家在哪裡？」，找答案的過程比答案本身更重要。
3 只要無視標籤，就沒有需要擺脫的問題。
4 只有真正獨立，才能夠反思。
5 沒有什麼「某某人都這樣或那樣」的絕對準則。

02

第二部

沒有人是孤島——關於與人連結

每一次與人交會的當下，都是非常可貴的時刻。
也許我們應該停下腳步，體察日常生活中看似普通平凡卻稍縱即逝的美好時刻，
也爲生命中的重要他人做一點什麼。

第八章　與他人的距離最遠只有六度

社會學上有一個著名的「六度分隔理論」（Six Degrees of Separation），說的是世界上任何互不相識的兩個人之間，最遠只相隔六個人的距離。也就是說，我們跟任何一位陌生人，最多只要六個人或者六層關係，就可以串連起彼此。

雖然大家對這個理論還有很多不同看法，但不少人都有這樣的經驗，某個以爲毫無相干的陌生人，居然是某個親友認識甚至很親近的人。而就我個人親身經驗，也的確發現，我們和世界上其他人的距離，確實比原本以爲的近得多。我在成爲清華校長之前，以爲自己跟清華大學毫無淵源，但其實早就結緣了！

我和清華的距離

因爲 COVID-19 疫情，我應徵清華大學校長的歷程全是透過視訊或電子郵件的線上方式進行。雖然我在台灣出生，小學五年級才跟著爸爸外派到美國，但我從來沒有去過新竹。當時交通沒有這麼方便，我也沒什麼機會去到外縣市，何況就算眞的去新竹，應該也不會到清華大學。直到成爲清華校長，我才踏入清華大學的校園。

報到時，疫情還很緊張，所以我先在清華南大校區的宿舍隔離了兩個星期，直到隔離期滿，我打開隔開宿舍與校園的那扇小木門，踏上校園的土地時，才想著：「喔，我眞的來到清華大學了。」

我二〇二二年五月一日上任清華校長，上任後的第二個星期天就是母親節，我邀請爸媽來清華走走。當天天氣很好，吃完飯後我們在學校散步，那也是我第一次好好繞了清華校園一圈。

走著走著，突然在第三綜合大樓門口看到一個金屬雕塑，作品簡介標注了「高燦興」這個名字。我媽媽有點驚喜的說：「咦！這不是我的表弟嗎！」這才發現，原來我幾年前過世的表舅曾是清華的駐校藝術家，清華校園早就收藏了他的作品。我以爲自己和清華是「初相識」，殊不知居然還有這樣的淵源，原來我和清華的距離，相隔不過兩、三度。

小事也可能造成深遠影響

這些年，我在很多場合和年輕人分享時，都會提到「我們不是孤島」這個概念，強調自己做的每件事都會對他人產生影響；反之，世界上任何人做的事，無論多麼遙遠，也可能對我們造成影響。沒有人可以孤絕的在世上生存，無論生活在哪裡，人與人之間永遠都會互相影響，也必須借由他人的協助才得以生存。

我們可以過安定的生活，從看似平常的飲水、食物、衣著、房屋、交通，到各種教育、娛樂……，小到一粒米，大到一座水壩，全是集結衆人之力才能成就，所以要經常有意識的提醒自己，珍惜並感恩所有的一切，因爲這是衆人辛勤付出的成果。可以說，這些人都是我們生命中的貴人。

無論多或少，每個人都會在人生的某些時刻、階段，遇到幫助我們的人。這些人可能是生命中很親近的家人、親族、好友，或是求學過程中遇到的老師、同學，也可能是在不同的人生階段中，出現在我們周遭的前輩、同儕或後輩，甚至毫無干係的陌生人，也可能在關鍵時刻，成爲生命中的貴人。

有統計指出，現代人平均每天面對各種大大小小螢幕的時間超過八個小時，因此大幅減少人與人之間的互動。對我來說，如果想要和生命中的貴人相遇，最直接的方式，無非是透過人與人的互動去認識彼此，進而產生連結與交集，在需要幫助的時候，貴人才有可能及時出現。也因此，當現代人把愈來愈多時間用來面對機器，大幅降低與人互動的機會與時間，遇見生命中貴人的可能性，自然也就跟著大大減少。

主動尋找生命中的貴人

我們與他人的相遇相識，除了血緣關係，要能夠進一步成爲親近的好友知交，很多時候還需要「緣分」，或者也可以說是一種磁場或能量的互動。由於緣分往往不是操之在己，不是靠個人努力就可以創造，才有所謂「隨緣」的說法。

要與貴人相遇，很多時候的確是緣分。但我認爲，即使有不可控的變數存在，相較於態度消極被動，不喜歡與人打交道的人，一個主動極積，樂於與人互動交流，抱持開放心態的人，還是比較容易遇到生命中的貴人。

林青霞女士受邀在二〇二四年清華大學畢業典禮上跟畢業生致辭時，提到她在十八、九歲時，是個內向害羞，容易怯場的人。不擅言辭的她，因爲工作關係，經常需要面對媒體或在公開場合發言。那時她對自己的談吐極度沒信心，每次需要發言，都承受很大的壓力，甚至還希望自己是個啞巴，就不用接受採訪。

後來她發現樓上的鄰居是很有學問的張佛千教授，某天她鼓足勇氣上樓敲門，希望張教授能夠給她指導，教她如何說話。張教授送了她一本《說話的藝術》，她也跟著慢慢克服了這個障礙。對林青霞女士而言，張教授無疑是她的貴人，但如果不是她提起勇氣主動去敲門，就沒有機會得到張教授的指導。

雖然不是人人都會成爲我們生命中的貴人，但透過互動，增進對彼此認識的同時，也在增進對自我的認識，因此我一向很珍惜與人交流相處的機會。我們可能對自己都無法百分之百的了解，所以我很常提醒自己，要保持開放態度和他人交流。貴人有各種形式，不是只有直接給予實質幫助的人才算貴人，很多時候，貴人更重要的是開啟我們對自己更多、更深的認識。

這幾年清華推動「明燈計畫」，透過建制一個平台，邀請畢業學長姊，甚至是有過類似經驗的同儕，一起在平台上擔任年輕學子的「引路人」，爲正面臨生命中不同議題而感覺困惑的「尋路人」，提供過來人的經驗分享。除了傾聽尋路人的心情，引導他們思考如何取得生命的平衡，也給予探索未來人生方向的建議。我認爲明燈計畫平台，就是一個貴人平台，清華的學生應該善用這樣的平台，主動尋找生命中的貴人。

我的貴人

談到貴人，我想起在美國讀高中時的朋友 Eric。

高中時，我和友人組了一個小樂團，我擔任鍵盤手，主唱是彈吉他的 Eric。他是阿根廷裔的移民，很小就跟著父母從阿根廷逃到智利，輾轉來到美國。

七〇年代阿根廷政治動盪，總統胡安．裴隆（Juan Domingo Perón）是獨裁者，反知識份子、反自由經濟，所以阿根廷有一波知識份子移民潮。這些移民本身多具有很好的經濟條件，只是害怕政治迫害，才選擇離鄉背井。當時很多人直接把金銀財寶穿戴在身上，帶著大包小包連夜逃出阿根廷，Eric 家就是其中之一。

Eric 至少比我大五歲，認識他的時候，他就一心想當搖滾巨星。他唱得比我好，但也不是眞的很厲害。他總是打扮得像個龐克，一頭金髮梳得又硬又直，不管去哪裡，總有小粉絲跟著他，他的女朋友更是他的頭號鐵粉。

我們都在他家車庫練團，雖然練得很勤，公開演出的機會卻很少，唯一一次，是在喬治城一間酒吧。那時有些酒吧會提供開放時段給業餘樂團表演，酒吧不會付錢給樂團，聽眾也可以免費看表演，樂團只要事先向酒吧報名就好，通常安排在星期三晚上九點到十點的冷門時段。

這是我們樂團唯一的一次公開表演，事前每個團員都興奮到不行，心裡幻想著當天會不會有唱片公司或厲害的製作人來看表演，說不定我們就此走紅。只可惜表演結束之後，什麼也沒發生。我自己還曾經試著錄了幾卷錄音帶，現在想想實在滿好玩的。高中開始獨立生活那兩年，我的確嘗試了很多事情，對於認識自己眞的很有幫助。

上了大學之後，樂團也就解散了。當時的時空環境，遠距離的朋友要保持聯絡不容易，慢慢的，我也就沒再和 Eric 往來，只知道他似乎繼續他的搖滾巨星夢，從來沒放棄夢想。幾年前猛然聽到 Eric 因爲癌症去世的消息，不免有些錯愕，內心很希望，他在人生的最後階段，依然懷抱搖滾巨星的夢想。

我和 Eric 分別來自亞洲和南美洲，彼此的原鄉距離那麼遙遠，卻有緣在美國相遇成爲朋友。雖然相處時間不長，但他著實影響了我。即使他已離世多年，偶爾想起他，還是會被他的搖滾精神所鼓舞。光是這一點，就讓我深信 Eric 絕對是我生命中的貴人。

人人都能發揮影響力

人與人之間的串連並不只是單向和被動的；我們所做的事，無論再小、看似再不重要，也可能對他人造成深遠的影響。因爲意識到這件事，我在做決定或採取行動時，往往會更謹慎，也因此更有責任感。

有人問我，會不會因爲行動後續帶來的影響可能很大，而讓我在做決定時過度謹慎或很有壓力。我完全沒有這樣的焦慮，反而有種解放的感覺。一想到原來只要做一些事，不需成就什麼偉大事業，就可以對他人發揮影響力，就覺得每件事都格外有意義。

很多時候，我們做的小事，當下也許覺得沒什麼，但是一段時間過去，或是置換到另一個空間，小事的意義可能會忽然被放大，甚至變得神聖。就像有時候朋友生日，爲他準備一個小蛋糕，唱一句生日快樂歌，我們所表達的心意，也許會一直留在朋友心裡，成爲他難忘的快樂回憶。回顧生命中的美好，很多都是這些看似不經意的小事堆疊而成。關鍵時刻，這些小事可能發揮奇妙的作用，成爲影響生命的大事。

現今ＡＩ當道，很多人都不免憂心ＡＩ有一天會取代人類。但無論再先進的ＡＩ，都只是輔助人類的工具，只有人類才具備做決定的能力。而我們所下的每個決定，都會影響更多的人，效應不斷擴散，最後這些影響又會回到自己身上。

一個決定影響全家人的生命篇章

有了家庭之後，我開始強烈感覺到，我所做的每個決定，不只影響我自己，還包括身邊的重要他人。當初香港大學邀請我出任副校長時，我和心村及兩個小孩討論了很久，最後我決定接受這個邀請，放棄在威斯康辛的一切，帶著全家去香港履職。我知道這個決定改變的不只是我的人生，心村和兩個孩子的生命篇章，也跟著翻了一頁。

去到香港後，有很長一段時間，我不時自問：「當初這個決定是對的嗎？」心村是很優秀的學者，在專業領域辛勤耕耘多年，做出了一番成績。然而她因爲我渴望接受新挑戰，也爲了全家人一起生活，選擇放棄在威斯康辛大學的一切，放棄美國的生活，陪著我和兩個孩子一起飛到香港重新開始。只要想到她的付出和犧牲，我就又感謝，又歉疚。

大多數人的生活中，除了工作，家庭也是很重要的一環。比如教職人員除了研究、教學，他們所在乎的無非是父母、伴侶、小孩。因此在決定是否接受一份工作時，一定會思考對原有生活可能帶來的影響。如果新工作地點較遠，那麼如何安頓家人，就會成爲重要的考量。學校若要吸引優秀人才，就要盡量在這些地方提供協助。

雖然港大跟我們提過，未來港大可能有適合心村的職缺，但畢竟不像美國和加拿大的大專院校，爲了爭取優秀人才，明文規定「配偶任用制」（Spousal Hire），因此到香港大學就任，對我們來說，終究是承擔了很大的風險。

所謂的「配偶任用制」，就是學校新聘教職人員時，新進人員如果有配偶，而配偶正好也從事學術工作，校方可依照配偶的專業領域開出新職缺，讓配偶有機會應聘到該校服務。雖然還是要遵照校方正式的聘雇流程，但至少不會占據既有職缺的名額，系所還樂得有機會增加新員額，校方也避免新進人員因不能兼顧家庭生活而無法履職，進而吸引更多優秀人才。

放下心中大石

但亞洲沒有配偶任用制，我們在香港生活了一年左右，港大文學院正好有一個資深教授職缺要招募，心村才有了重新申請教職的機會。

跟美國大學一樣，港大也是全球攬才。我和心村有共識，身爲副校長的我一定要避嫌，所以我完全不過問她應聘的事情，她要獨立走完三級三審的聘任程序，否則引起任何閒言閒語，對她就太不公平了。其實想想，心村的確是滿委屈的。她任職美國大學多年，早已是資深教授，更出任重要的行政職務，卻因爲我的緣故，全部要重新開始。

當時我們常去住家附近一間港式餐廳，最初店員對我們很好奇，因爲我們習慣用英語交談，偶爾夾雜幾句中文，但口音既不像來自中國大陸，也不像新加坡人，當然更不是香港人。光顧的次數多了，跟店員愈來愈熟，加上孩子也很喜歡這家餐廳，所以在香港那幾年，不想做飯時，首選就是到這家餐廳用餐。我還清楚記得，心村通過最後一關，完成校園面試的那天晚上，我們就約在這家港式餐廳用餐。

我永遠忘不了那天晚餐。我和兩個孩子先到，三個人坐在窗戶旁邊的位置。心村面試結束後，打電話說要來跟我們一起吃飯，當時還不知道面試結果如何，一家人就像平常一樣用餐。吃到一半，心村收到電話通知，告知遴選委員會全數通過，心村正式取得港大文學院的教職。那個當下，我強烈感覺懸在心中的一塊大石頭終於放下了。

回想過去一年多來，自己因爲心村的下一步遲遲沒有著落，一再質疑當初選擇來香港的決定，暗自憂心如果合適心村的機會一直沒有出現，我該怎麼辦。愈想就愈覺得她實在爲我付出太多太多。直到她確定取得港大教職，可以繼續研究教學工作後，我總算鬆一口氣，不再質疑當初的決定。

搬到香港的第一年，對我們全家人來說都很不容易。兩個孩子在美國出生長大，第一次移居到地球的另一端，一切都要從頭開始、重新適應，更別說心村還放棄了那麼多，我的新工作也有很多挑戰要面對。再加上生活環境幾乎全然陌生，每天都有新事物要摸索。脫離了原本的生活圈，大家都有各自的壓力要承擔，現在回頭想，眞的很感謝全家人的齊心和努力。

人人都能發揮影響力

那一年的體驗，讓我強烈意識到，這個世界、這個宇宙，即使是我自己的世界，「我」也只是其中的一部分。我不能只用自身觀點來思考或選擇。也因此，日後對自己行動背後可能要承擔的責任，我更加有自覺，或者說，更確信自己具有影響力，我所做的事情，的確會在某些情況下產生貢獻，對他人帶來幫助。

許多看似距離遙遠的事情，乍看可能跟我們沒什麼關係，比如二〇二二年俄羅斯和烏克蘭開戰。台灣距離這兩個國家很遠，但俄烏戰爭影響許多原物料的進出口，導致全世界通貨膨脹率上升，使得各國物價節節上漲，大家都覺得荷包縮水了。即使身在距離俄羅斯和烏克蘭那麼遙遠的台灣，一樣有感。

很多人都曾經提及，幫助別人時會感到快樂，爲他人付出的結果，最終還是對自己有好處，但我並不傾向用這種彷彿「交易」的觀點，做爲自己付出的動力。很多人的付出確實帶有目的性，好像我送了你一個禮物，你就應該請我吃飯。但我覺得，眞正從內心出發，不要求任何回饋的付出，或許才是人的本能。

也因此，我認爲沒有人是孤島。在學術圈工作多年，看到有些人抱持凡事自己來的理念，如此一來就不必和他人分享榮耀。對於不習慣與他人合作的人，這當然是一種選擇，但也有人不需要全部的光環都在自己身上，傾向和他人合作。

人很難不被周遭環境影響，即使有時可能沒意識到，但看到有人受苦，還是很難不受影響。也許有人選擇走開，告訴自己這不關己事，只要不去理會，這個環境就不會影響我。若是換個角度想，只要願意，每個人都有能力去影響外在環境，也就是說，每個人都有能力幫助他人。

抱持這樣的信念，不管做什麼事，或下什麼決定，我相信都可以對某些人產生正面效益。即使受益者不會直接向我道謝，或是效益發生的契機不在當下，但只要能對世界產生貢獻，就算再小的事情，都值得去做。透過這種小小的累積，人與人的關係就會開始不一樣。

總結

1 我們與他人的距離，比我們想像中更近。
2 沒有人可以孤絕的在世上生存。
3 生命中的美好，很多都是看似不經意的小事堆疊而成。
4 主動積極的去敲貴人的門。
5 我們所做的每個決定，不會只有影響自己。

高中成立的典型Garage Band

第九章

每個人都有解決問題的能力

一九九六年拿到博士學位後，我取得美國國家衛生院（National Institutes of Health, NIH）的博士後計畫，期間我開始投遞履歷到不同大學申請教職，除了美國，同時也申請了歐洲幾所公、私立大學。

陸續收到幾所學校的聘書，其中多數是傳統的生物醫學工程系所，但威斯康辛大學卻是藥學院和生物醫學工程系提供的合聘邀約。其實我對藥學並不熟悉，只有求學時短暫接觸過。

當時威斯康辛大學生物醫學工程系才剛從一個學程正式升格爲一個學系，在資源有限的情況下，校方同意用藥學院和生物醫學工程系合聘的方式聘用我，讓我可以同時在生醫系授課。

在威斯康大學從零開始

藥學院院長以及生物醫學工程系主任向我提議，他們想朝生醫材料的方向發展，因爲藥物需要透過材料的傳遞，好讓藥物的功能可以在身體裡維持得更久，甚至產生更好的效用，希望邀請我加入團隊一起推動，讓材料的功能與角色得到更好的發揮。我對這個當時還很有開創性的跨學科方向很感興趣，因此最終選擇接受威斯康辛大學的邀請。

其實在到威斯康辛大學任教之前，我與這個地方沒有任何淵源。唯一微弱的聯繫，是高中時期在華盛頓特區的公寓位於威斯康辛大道跟麻薩諸塞大道交叉口，「威斯康辛」這個詞對我而言，就只是地址的一部分，除此之外完全是一塊陌生地。我對它只有一個粗淺的印象——聽說那裡乳牛似乎比人還要多。

在威斯康辛大學擔任助理教授的薪水比博士後要好一些，我感覺自己似乎更加獨立了。我一直都是個窮學生，好不容易正式當上老師，內心隱隱有一種日子會愈來愈好的盼望。

讀研究所時，從書桌、椅子到床墊，我都是把別人丟在路上不要但看起來還合用的二手貨撿回宿舍整理後湊合著用。唯有床架是我買了木板動手敲敲打打自己做成的，雖然不怎麼精美，但還算穩固耐用。就算這麼克難，但至少能有專屬於自己的床，我就很滿足了。

當學生時雖然沒什麼錢，但我心裡明白，不會一輩子都這麼拮据。我不是很在意物質享受的人，很容易知足，如果想賺大錢，就不會選擇留在學術界發展。

來到威斯康辛大學沒多久，我就忙著打造自己的實驗室，因爲還是資淺的新老師，不太會有研究生找我當指導教授，第一年根本收不到學生，一切都要親手慢慢把實驗室建起來。

我的實驗室位在老舊建築，第一次進到實驗室，發現木頭好像都已腐朽，上一個使用者留下的瓶瓶罐罐散落四處，看不出裡面裝了什麼。水槽不只老舊，還染上各種詭異的顏色，可能是水管鏽蝕，一打開水龍頭，流出紅、橘、藍、綠各種顏色的水，流了好一陣子，才慢慢恢復正常的透明無色。

後續我著手訂購儀器，每當器材送達，就要拆箱歸位，光一個冰箱我就忙了老半天。偶爾其他實驗室的老師見我一個人實在有點可憐，會發揮同事愛，友情支援一下，幫忙搬點東西，或是問我需不需要什麼，每次都讓我十分感謝。

但也許是在蘇黎世那段時期有過相似的經驗，我因此學會怎麼從無到有建立起一個實驗室，無論是清潔、打掃、採購、拆箱，隨著東西一一到位，我的實驗室也就慢慢建起來了。

讀大學最棒的地方

從開始在大學教書，到現在成爲大學校長，我被問過無數次「到底爲什麼要讀大學？」這個問題。求學過程我也曾問自己，我還思考過每個人都應該讀大學嗎？如果不是，那麼讀大學或研究所最根本的意義是什麼？除了學習成績，讀這四年大學有什麼事情是一定要做到的？

從上大學到現在，我有近四十年的時間都待在大學裡，從學生、老師、研究到行政工作，我在幾所大學校園內歷經不同角色、職責和身分轉換，如今我對這個問題有了比較清楚的答案。

對我來說，大學的核心價值就是提供一個自由開放的環境，讓師生去探索各種可能性，這也正是大學最棒的地方。

每個人在成長過程中，都必須透過各種方式探索世界，所有嘗試和探索過程必然會產生的不如意與挫折，相較於現實社會，學校絕對安全性和容錯率都大很多，而且成本低很多的環境。一旦出了校門眞正進入社會到公司上班或自行創業，這個世界對社會人士的期待一定比對在校人士更爲明確，也嚴厲許多。

我還是學生時沒有完全意識到這一點，直到現在才比較清楚的覺察到這件事，如果現在再問我「爲什麼要讀大學？」我想我至少會鼓勵還在大學或研究所就讀的學生，要更積極、更大膽去思考和假設，勇於跳脫框架，並且在有限的學生生涯善用學校提供的機會與資源，無論學術課程、社團活動、出國交換，輔修、主修、雙主修、微學分……，多方嘗試探索自我和這個世界，是讀大學最重要、也最可貴的事。

當然並不是所有人都非得讀大學不可，只是大學的核心本質與系統設計正是鼓勵學生在相對安全的環境中不設限的探索，如果已經進了大學還不好好利用這些機會，那就太可惜了。

沒有進入大學機制和系統也不代表無法盡情探索世界，可以透過很多方式來進行，例如從閱讀一本書得到啟發，或結交朋友來擴展生命經驗，只要認眞投入一定會有收穫，進而建構出屬於自己的世界觀。

Research 就是「RE-search」

至於要不要讀研究所，我認爲必須回到核心問題：「爲什麼要讀研究所？」這當然與個人生命歷程的選擇有關，但我眞心希望選擇讀研究所的學生是眞正對要研究學習的議題充滿好奇和興趣，而非抱著付出兩年時間拿碩士學位，以後就業薪水可以多個一萬、兩萬的心態。

「研究」的英文是「RE」search，帶有循環的概念，如果想著「用兩年換一個學位」這樣的思考邏輯來讀研究所，完全不符合「研究」的「RE」search 精神，因爲研究所最重要的是思考的訓練。

RE-search 是一個迂迴的過程，即使遭遇挫敗，只要眞的有興趣就會保有好奇心，可以在其中體會追求眞相的快樂和充實。

提出研究問題的同時，我們通常會有一個假設，但在研究過程往往又發現很多原本不知道或沒想到的問題。如果對研究的問題沒興趣，就只會為了不斷出現的問題而痛苦，因為問題仍舊存在而且還一直出現新問題，甚至有些甚至可能要花一輩子尋找答案，就好像「我是誰？」這個大哉問。所以如果不是對研究的主題有興趣，研究所讀起來就會是一個很痛苦的過程。

一個問題從來不會只是一個問題

每當出現新機會或人生轉捩點要我們選擇時，我想多數人都會事先做些功課，無論上網查找資料或詢問有相關經驗的人，分析評估後才決定是否把握眼前的機會。

問題是，無論事前做了再多研究，往往很難看到全貌，終究要真的進入環境才會更真實的看清各種面向。

也許是事先能找到的資料經常是他人的評價或故事，我們只能透過他人的觀點去推想自己當下會怎麼做，或思考一樣的問題落到自己頭上時該如何回應。

但不管再怎麼推論，畢竟都是別人的體驗，一旦事情眞正落到身上，實際情況與想像之間總是落差很大，縱然做了再多準備也永遠不夠，就好像模擬飛行，無論模擬再多次、再逼眞，終究與實際開飛機的體驗很不一樣。

事前推測得再周詳，實際情況可能有很多地方出乎預料，需要調整及來回探索，處理完眼前的問題後，可能又帶來新問題。對我來說，問題就像一個包裹，不是解決一個問題後，才會出現下一個問題，而是和做研究一樣，一個問題會同時夾雜新的問題，新的問題經常又會引發更多問題。

每項研究從開始到尋得答案前，中間往往會再出現新的、等著被回答的問題，所以「研究」的英文是「RE-search」，研究不只 search 一次，而是來來回回、一而再的 search。

研究者不可能一次解決這些新問題，只能選擇回答一、兩個，我當時決定去威斯康辛大學抱持的心態也是：「嗯，我做了這個選擇，就盡量去做自己可以做的事。」因爲根本不知道會有什麼狀況，只能先做好心裡準備，告訴自己接下來一定會碰到很多根本不知道或從來沒想過的事情。

大學教授的主要工作

無論是同在學術圈的教授、學者，或是一般大眾，很多人認爲教書、研究和服務這三項大學教授的主要工作項目是不一樣的事情，但我一直覺得它們關係緊密，並相互影響。

教學必須備課，要蒐集整理自身經驗、實驗室數據及課本資料，再以通達的邏輯來向學生說明，幫助他們理解相關理論和課程內容，可以的話，透過比較有趣的互動方式來強化學生學習基礎觀念和應用，也就是教學其實必須有一套完整的計畫。

研究過程和教學設計非常相似，做研究會選定一個議題，當研究者提出問題之後，下一步就是開始蒐集閱讀並且消化相關的論文或是前人的研究，然後找出與研究問題相關的知識，運用過去的經驗，採取適當的研究方法，如果是實驗，就是取得數據，然後像教學一樣，用一套邏輯去分析蒐集而且整理好的資料，得出結論。

教學通常會透過考試或繳交報告，來知道學生是不是眞的理解；研究也一樣，最後會產生總結，用來說明解釋研究的結果。

一般來說，研究的總結經常會與原本預設的結論有些不同，這是正常的情況，如果研究結果和最初預設的一模一樣，不就表示研究過程沒有新發現，那麼可能是研究設計本身出了問題。

我認爲教學和研究的思考過程很相似，就我的經驗，研究做得好的老師通常極具原創性，總能問出關鍵問題，在教學上往往也都有不錯的評價。因爲對研究議題很感興趣，會不斷探索各種問題並多方嘗試以回答關鍵問題，老師如果對研究抱持極大熱情，往往會具有強大的感染力，能夠引起學生的學習熱情。再加上這些老師的思考和分析能力通常很出色，教學時就會十分吸引人，不會只是用塡鴨的方式，想把生硬的理論塞給學生。

ＡＩ愈來愈普及之後，以往研究和教學的前半段，也就是資料的蒐集與整理，可能會變得愈來愈容易，過去處理這些工作的人力比較可能被取代，而後半段的分析和整合會變得愈來愈重要，這其實也是凸顯研究者本身能力與價值的關鍵所在。

幫某個人解決某個問題

除了教學與研究，服務也是如此。我一直都抱持一個信念，無論從事什麼行業，每個人每天做的事情都是在幫某個人解決某個問題，也就是每個人都有解決問題的能力，比如公車司機是幫忙解決交通問題的人，而老師則是解決學生的學習問題。

既然每個人都有解決問題的能力，抱持這樣的觀點定義人與人之間的關係時，就會回到我一再提及的「六度分隔」概念，也就是帶著這種「每個人都有解決問題的能力」的觀點，我們應該更願意包容與同理他人，並且更平等的看待每個人，因爲每個人都可能爲我們解決某個需要處理，但我們自己無法處理的問題。

其實每天的生活無非就是解決一個又一個問題，肚子餓就解決肚子餓的問題；想從A地到B地，就解決交通往返的問題，如果把解決問題的概念套到研究或教學上，就是研究者有了一個問題，試圖用經驗和某些工具產生新的組合和應用解決問題。

看重自己的價值

每個人都有自己的強項，也有不擅長的事，所以世界需要各種人，每個人都有其重要以及不可替代的地方。有些人認爲從事某些職業的人，例如掃地、收垃圾或各種勞力工作，是沒能力才去做這些事，事實當然不是這樣。

像我的理髮師爲我解決頭髮太長的問題，對我來說，他就是一位對我有貢獻的重要人物。我去剪頭髮都會和他聊天，有一次我問他爲什麼從事這個行業，他說年輕時不太清楚喜歡什麼，不知道以後要做什麼，爸爸建議他去上美容學校，至少學習一技之長，接觸後覺得滿喜歡，多年下來也做得還不錯。

「行行出狀元」聽起來雖然很老套，但確實有其道理，每個人都有他的價值，重點在於怎麼看待自己。一個人如果覺得自己沒有價值，只去做別人要他做的事，往往是因爲對自己的認識不足，才會把別人的眼光或評價做爲自我評價的標準，這種人往往無法活出眞正的自己，容易陷入巨大的挫敗與茫然之中。

這個世界本來就需要不同的人，在不同的崗位上，發揮不同的作用，如果所有人都是大老闆、總統和醫生，這樣的世界是無法運作的。每個人都應該看重自己的價值，認知到所有人的工作，都有一定的重要性。無論基於使命感或看重自我價值，只要確知自己能夠做什麼，相信做的事被需要，就可以更深刻認識及提升自我。

信心的養成和失敗與成功沒有絕對關係，自信心不是短時間內做了什麼了不起的大事就可以獲得，往往是積少成多，每天都做一些從來沒做過的事，不斷累積解決問題的正向經驗，持續成長與進步，久而久之，就會愈來愈相信自己可以做得到，自信也就在這樣的過程中建立起來。

期待沒有問題的人生，才是人生最大的問題

我們每天的工作就是去解決各種問題，像我擔任清華校長，每天處理人事問題、預算問題、制度問題……，對我來講，工作就是解決問題，一如司機先生幫我解決交通問題，助理幫我處理行程問題。

我們活在互助的社會，大家都是受很多人協助才能處理生活中的各種問題，要時時抱持感謝，有機會就不吝表態，常說請、謝謝、對不起。這幾個字雖然很

平常甚至很小就學會，但很有意義，可以用來提醒自己，我們是在他人很多的善意與支持下才能好好生活。

既然每天的工作就是要去解決問題，如果期待人生中一點問題都沒有，就會讓自己陷入痛苦，因爲根本不存在沒有問題的日常，希望一生都沒有問題才能夠過得快樂，那就永遠都不可能快樂，這種期盼就是讓人不快樂的源頭。

與其抗拒問題的發生，不如選擇好好處理問題，在解決的過程中，好好發揮過去累積的經驗、能力或知識，同時再次好好認識自己。

問題是中性的

我有個習慣是一旦問題解決就會放手，讓日子繼續，不太會反覆回想已經過去的事情，因爲過程中學到的東西早已經內化成自己的經驗與能力，既然事件已經過去，也有所學習，就應該把故事放下，讓人生繼續前進。

就像小時候學會怎麼拿筷子之後，就再也不必刻意思考怎麼用筷子，因此我也不會一再回想發生在我身上的事件，該學的我相信都學起來了，以後再面臨相同問題時，應該有能力處理，除非我沒有真的學會，那麼可能再次遇到類似問題時，我好好的把它當做一個學習機會。

問題是中性的，只是很多時候被當成是負面的，人性好像看到問題時，直覺反應就是抗拒否定，可是我們每天要面對大大小小的事情，每件事都是一個問題，與其逃避，不如好好做出選擇與回應。我人生中很多關鍵時刻，例如是否離開威斯康辛大學去接任港大副校長，也是秉持這種信念所下的決定。

任何經驗都有派上用場的一天

任職港大副校長一段時間之後，香港政府想推動生醫科技園，我的專業背景正好符合他們的需求，所以希望我加入的團隊。

香港科技園類似台灣的科學園區，政府是主要推手，很多資源都來自政府，例如向政府承租廠房或辦公大樓需要的土地。香港土地實在有限，所以政府推動的生醫科技可說是當地科技研究開發最集中的平台，或者說是一個生態圈。只是香港科技園雖然是由政府主導，但其實隸屬一個半官方單位，主事者是類似財團法人的公司，有董事會，其中幾位董事由政府指派。

香港政府發展生醫有很多考量，例如香港一直是全世界重要的金融中心，已經有一定基礎，性質上與服務業也相近，加上土地有限，沒什麼天然資源，重工業或製造業可能都不適合，所以這些年可以算是顯學的生物醫學科技，就滿符合香港政府理想中，下一個具發展潛力的高端產業。

後續香港交易所也加入推動香港生醫科技計畫，善用香港全球融資中心的角色，讓全世界從事相關工作，具備技術能力或研發能量等發展潛力的生醫新創公司，來到這個園區，以最有效率的方式找到天使投資人，不必從零開始，逐一向潛在投資人叩門，我認爲這是很聰明的方式。

除了幫助新創公司找機會、找資金，新創公司爲了就近求才，勢必也會與香港當地學校合作培育人才，進而創造新的就業機會。只要人才齊聚香港，自然會吸引更多有錢的投資者從世界各地來到香港，尋找下一個有潛力崛起的新創公司，如此一來，就能打造出有機的生態圈。

正是看到這個計畫的潛力，我相信香港政府推動過程必然會有配套的基礎建設，參與這個平台可以擴展我的視野與經驗，接觸沒機會參與的領域，例如見識全球金融市場的運作，親身和資本市場裡的各種參與者交流。

另一方面，我也預期這個計畫的規模之大，絕對和過去參與的不同，光是蓋一間臨床前實驗中心的預算就高達四十幾億新台幣，這樣的規模必然可以讓我學到很多，幫助我開展不同的視野，累積更多經驗。如何整合串連其中的各種人事物，想必也有很多 Know-How 等著參與者領會與學習，同時讓我有機會發揮所學和經驗，陸續推動加速器（Accelerator）或孵化器（Incubator）專案計畫，幫助這些新創公司。

我在威斯康辛大學也參與過類似計畫，是美國國家衛生院推動的跨領域整合計畫，希望把大學院校或學術單位完成的基礎醫學研究成果，推廣應用到臨床治療上，讓研究成果可以變成具體且實用的產品，幫助研發投入的能量可以更有效的發揮，而不只是一篇又一篇深奧的論文。

台灣把這個研發過程翻譯爲「轉譯醫學」，但我覺得不夠精準，這個過程的目的是把原本抽象乍看缺乏實務應用價值的論文，轉化爲具有現實意義，較爲具體，甚至可以商業化推廣的產品，好讓更多人眞正受惠。

轉譯醫學計畫除了美國積極推廣，後續很多國家開始跟著積極推動，包括英國、歐洲、中國、新加坡……。由於這個產業需要很大的資本支出，身爲全球金融市場的香港有先天優勢與條件，看到其中的機會與潛力，希望透過香港資本市場的有效運作，吸引跨國企業、投資者，以及有技術能力的新創公司一起參與，幫助轉譯醫學在香港取得更大的成果，提供更多人實質幫助。

COVID-19 疫情期間，封城或居家隔離等防疫措施導致園區推展計畫慢下來，但從一開始大約二十家規模不大的生物科技公司，到我要離開香港時，已經增長到一百七十多家，其中很多還是原本就想在亞洲成立研發中心的全球跨國企業，最後選擇落腳香港，這些成果讓我覺得滿有成就感。

從最初開始推動這個計畫，透過很多人的努力，把一個想法落實成一個具體的發展方向，開創新的成果，並且爲學生、投資人、跨國企業，甚至是香港交易所或香港政府打造一個新的生態圈，我有幸參與其中，接觸到許多以往沒機會交流、很有意思的人，帶來各式各樣的新想法和激盪，眞是很棒的經驗。

我參與威斯康辛大學的轉譯醫學計畫時，怎麼也想不到當時累積的經驗多年後會在世界另一端派上用場，每每想到這裡，就覺得每個人都擁有解決問題的能力，以及每種能力都有派上用場的一天。這不只是我的一個信念，也眞眞切切在自己身上得到印證！

總結

1 務必充分把握校園環境的自由與各種資源，大膽探索與嘗試。
2 帶著好奇心面對和回應問題，先從能力所及也有興趣的問題著手。
3 任何能力都對世界有意義，都值得尊重。
4 解決問題之後，就把故事放下，繼續前進。
5 切記每個人都有解決問題的能力。

香港科技園轉化研發團隊活動海報

第十章　生命中最珍貴的小事

離開台灣幾十年，期間搬了很多次家，幾度跨越國際，甚至還在洲際之間來回移動，輾轉在不同國家或城市生活。年輕時，每次搬家都是斷捨離的考驗，最初總是很難捨棄，畢竟多數東西都是我認眞工作，省吃儉用，慢慢存錢買下的，無論從實質面或情感面來看待，我都十分珍惜。

隨著搬了一次又一次之後，我愈來愈能懂得「身外之物」的含義，愈到後來愈能快速有效率的打包裝箱，經過多次不得不的篩選與放棄，對於什麼該捨下愈來愈能果決判斷。

如今無論搬遷或移動到再遠的地方，我非帶不可的隨身物件只需要一個登機箱就裝得下，除了基本的日常生活用品，最重要的是一個我帶在身邊幾十年的小包裹，裡面是從小到大，爺爺奶奶、爸爸媽媽和親戚朋友寫給我的家書、信件、郵簡，以及小學時的成績單、週記本，和一些早已泛黃褪色的老照片。不管去到哪裡，這個包裹我一直都隨身帶著，即使沒有太多機會拿出來細看，但年紀漸長，我愈來愈能感受到這袋老東西在我生命中珍貴的價值和意義。

包裹裡有一張小學四年級和全班同學的合照，即使已經事隔四十多年，至今我還是依稀記得同學們的名字，還有每個人的個性特色，其中有看起來文靜從容，成績很好，永遠名列前茅的超級好學生；也有經常調皮搗蛋，玩在一起時總是那麼痛快的好哥們；有的同學習慣安安靜靜坐在教室角落，也有同學好動又聒噪，一刻也坐不住。

每次只要看看這張照片，我就會想起在台灣的童年生活，每次想起那段往日時光，就會浮現小孩子獨有的純眞快樂和歡喜心情。

四十年後再回到台灣，我曾試圖找過這些同學，也在《國語日報》的專訪裡刊登了那張合照，說不定哪天有同學看到了，會打電話送我一個驚喜。

生活中的小事，往往帶來最純粹的快樂

我小學時沒有強烈感覺到課業壓力，可能爸媽和其他長輩都比較重視禮貌和應對進退等生活能力，我從來沒有被要求過要考多少分，只要乖乖上課，準時交功課，和同學好好相處就可以了。也因此小時候在台灣的記憶，大多是平凡普通卻又快樂有趣的日常生活小事。

當年的小學好像都有蒸飯室，如果上整天課，多數學生午餐都會帶便當，早上到校就把便當蒐集好，值日生要負責抬去蒸飯室加熱，中午再把熱好的便當抬回教室。

每次輪到我去抬便當時，總有肩負重責大任的榮譽感，忍不住想著：「哇！好厲害喔，今天輪到我抬便當耶！」一想到全班都在等著我手上的便當，不免有些驕傲，對小學生來說，這彷彿是人生最光榮的時刻。

除了在學校很愉快，課餘時間我也都玩得非常開心，無論是爸爸或媽媽的家族，我都是第一個孫子，從小就有很多長孫的「特權」，例如我總是可以吃到雞腿，或是聽到冰淇淋攤販的叭噗聲，只要想吃，長輩通常會買給我。我還很喜

歡去逛雜貨店，雖然沒有太多零用錢，經常只能買一小片甜番薯，這麼普通的食物，我卻覺得是全世界最好吃的。

課餘時我經常帶著妹妹、表弟和表妹一起玩，我們年紀相近，又整天膩在一起，大人都叫我們「四人幫」。四人幫整天調皮搗蛋，甚至還一起離家出走，其實所謂的「離家出走」也只不過是從爺爺家走到表弟、表妹家，我甚至走到一半就不想走了，還跑回家告狀，現在想起來眞的很好笑。

讓我人生幸福感滿滿的一頓晚餐

媽媽雖然工作繁忙又要料理家務，但很有生活情趣。小學時，有一天她心血來潮，宣布當天晚餐她要準備西餐，當時我和妹妹根本不知道什麼是西餐，直到媽媽端上來，才發現原來是煎牛排和一鍋玉米濃湯，原本以爲就只是這樣，沒想到媽媽接著把燈都關掉，然後點上蠟燭，讓我們在燭光中吃晚餐。

頓時我感覺：「哇！好有情調喔！好特別喔！這眞的是……太厲害了！今天媽媽怎麼這麼好！」媽媽的小巧思帶給我們難忘的美好回憶，至今再想起那頓晚餐，心裡還是湧上強烈的幸福感！

其實人生需要經歷一些酸甜苦辣，才會人珍惜平凡的幸福，媽媽做的那頓西餐明明只是很普通的晚餐，卻帶給我們一家人眞實而長久的快樂，這麼多年來只要想起這件事，還是會開心得笑出來。

讓全家人開心幾十年的神奇事蹟

另一件我很有印象，想起來還是會忍不住笑得很開心的事情，是全家參加爸爸服務的機構在榮星花園舉辦的園遊會。

至今我還記得一些榮星花園的景象，門口的白色雕塑、附近的高架橋，某個角落有個小池子，裡面有幾隻白鵝。那次園遊會有個活動辦在池邊，參與者會拿到一個木頭還是竹子做的圈圈，丟出圈圈套中大白鵝的脖子就可以帶回家。

爸爸也參加了這個活動，跟著大家一樣拿著圈圈，每個人都是躍躍欲試，準備大展身手的樣子。我還記得白鵝的脖子好長好長，根本不知道池邊的人打什麼主意，自顧自的在池子裡游來游去。當爸爸把圈圈丟出去時，居然不偏不倚套中一隻大白鵝，見證那一刻的我，覺得簡直太神奇了！

當年動物保護的觀念還沒有今日這麼先進，主辦單位才會辦了這樣的活動，要是今天絕對不可能。我清楚記得爸爸套中鵝之後，全家人都沉浸在巨大的快樂裡，好像贏得什麼了不起的大獎，完全沒人想到帶一頭活鵝回家要做什麼，我已經忘記後來爸媽怎麼處理那頭有點倒楣的鵝，但永遠忘不了爸爸出手套中鵝的那一刻，全家人彷彿中了樂透頭彩，興奮高興得好像就要瘋掉。

這件事後來成爲爸爸難忘的人生得意事蹟，雖然已經過了快五十年，但至今再想起來，全家人還是會笑成一團。記得那幾年爸爸只要看到鄰居或好朋友，就會眉飛色舞的從頭再講一次，仔細描述怎麼套到在池裡優游的大白鵝，我記得他這麼說：「那個鵝好像就是要我帶牠回來，牠把脖子伸得直直的，好像就是爲了讓我可以很容易的套到牠！」每每想到這件事，我就意識到，這件小小的往事，居然給全家帶來這麼多快樂，成爲一家人永生難忘的美好回憶。

我也記得有一次全家人去石門水庫玩，晚上進到旅館，年幼的我看到裡面的設施，忍不住想：「哇！有錢人的生活好像滿棒的！」其實那不是高級飯店，只是我們家是很一般的中產階級，沒有什麼物質享受，才會覺得那家飯店很高級。

不過記憶中我的童年一直很快活，可能是當時大家的物質環境都差不多，也比較容易滿足。

雖然我們家不算富裕，不過媽媽總是把我們打理得整齊清潔，衣服不管再舊，也都洗刷得白白淨淨，我還記得以前當過童子軍，要圍領巾、穿制服，而且一定要搭配一雙長筒襪，覺得自己好榮耀。

在威斯康辛十七年，完成許多人生大事

一九九八年我去了威斯康辛大學展開教學生涯，在那裡待了十七年，人生很多重要的里程碑都在威斯康辛達成，包括認識了太太心村。

我們都是同期的新進老師，在迎新午宴上第一次遇到，當時一群人排隊等著拿自助餐，身上都別了寫有任職系所和姓名的名牌，心村正好排在我前面，沒事做的我主動跟她打招呼，指著名牌說我是 John，在藥學院及生物醫學工程系服務，當時並不知道她之後會成爲我的另一半。

日後心村回想起第一次見到我的時候，我的外表完全就是典型亞洲理工男的

形象，學文學的她對這種理工男一點興趣都沒有。不過當天午宴結束後，有個問答時間，大家問的無非是升等或學校制度之類有點無聊的問題，我倒是問了一個有點愛現的題目，是有關校方推動跨領域合作，如果參與者因爲互相不了解產生難以預料的狀況時，校方要如何協助彼此。

事後心村告訴我，這個提問讓她印象深刻，原來這名毫不起眼的理工男還滿有自己的想法。

在威斯康辛大學任教半年後，我和心村開始交往，當時根本還沒有拿到終身教職，也不知道會在這裡待多久，我卻有了想在麥迪遜買房子的念頭，於是找仲介看了一些樣品屋。只是不知道爲什麼，明明我不過是個年輕的窮助理教授，卻對房子很挑剔，因爲沒有看到喜歡的房子，我居然大膽的想著：「既然找不到喜歡的，我就自己蓋一座！」

自己蓋的房子落成那一天

心村完全無法想像我會這麼快就想在這裡買房子，她住過繁華熱鬧的加州多年，覺得威斯康辛是一個土到掉渣的地方，每到週末大家都像約好了，穿著深紅色制服去看美式足球賽，心村覺得實在很無趣，而我居然想在這裡安家，甚至還想自己蓋房子，對她來說，我實在太瘋狂了。

不過可能是小時候想當建築師的夢想被喚醒，我還是著手開始畫設計圖，隨著房子一點一點成形，我和心村的感情也愈來愈好。

起初我根本不知道在美國蓋房子有如此多的規定，要申請各種執照，建築也有很多工法，不是想怎麼設計都可以，後來花了很多時間，才一點一點打磨出房子的藍圖。

我還記得第一次看到完整藍圖時，眞的覺得好酷喔！接著開始找土地，最後選定的地點在當時根本是荒郊野外，不過開發商說未來會有很多建設，我其實不太相信，但事後確實社區慢慢發展起來。

房子蓋了將近一年，從大門把手材質，到房子外牆顏色，每個細節我都親自確認，當時一邊教書，一邊做實驗，還要招生，其實很忙，但每天下班都會去工地看看房子蓋得如何，雖然很累，但心裡很快樂。

記得房子蓋好的第一天，我請心村一起去，當天我問她：「你覺得這間房子怎麼樣？」她當然說很好啊，恭喜我，然後我又問：「那你要不要搬進來？」她當場愣了一下，然後我接著說：「那你知道，這意味著什麼嗎？」心村也沒想太多，就說：「Okay.」事後想想，這可能就是我的求婚台詞了，但這段對話那麼迂迴，實在太不正式，所以直到現在，心村還是覺得我欠她一個眞正的求婚。

我們在二〇〇〇年結婚，婚禮辦在我自己蓋的房子裡，記得當天很熱，房子連窗簾都還沒裝上。除了兩邊的父母，我邀請了指導老師和好友 Kohei，心村也請了幾位要好的朋友，婚禮很溫馨，就是個二十人的小家宴。

當天請了外燴，臨時廚房就設在我們的停車場，外燴廚師是我和心村常去的酒吧老闆推薦的，那時他剛搬到威斯康辛不久，幾年之後成爲麥迪遜非常有名的大廚。現在想來，或許我們的婚禮爲他帶來了好運。

一家四口的生活，平淡中有幸福

二〇一五年我們決定舉家搬到香港，最困難的決定之一是賣掉親手蓋的房子，雖然不是了不起的建築，外觀和用料都很樸實，但我們是這個社區永遠的第一戶，夏天院子的草都是我割的，冬天住家四周的雪都是我剷的，一點一點打造起來的過程，就是家的定義。

我和心村及兩個孩子的感情一向緊密親近，在美國生活時，每個星期六都會全家出動去買足一週所需的食物和日常用品，滿滿一車去，滿滿一車歸。做飯是我和心村合作，她負責蔬食，可能炒一盤蔬菜或是做生菜沙拉，我負責葷食，通常是一大塊肉，所以兩個小孩子從小就習慣吃家裡煮的東西。

飯菜上桌時，我們一家四口會在餐桌集合，一起開動，邊吃飯邊聊天，那真是很棒的時光。那張二十多年前在威斯康辛買的木頭餐桌，也跟著我們搬了很多地方，去了香港後，現在放在新竹清華的宿舍裡，上面還留有兩個孩子小時候敲敲打打或亂塗鴨的痕跡，都是一家人美好的生活印記，每天我一個人吃飯時，就會看看那些痕跡，想起之前走過的路。

從生活中的小進步感受快樂

到了一個年紀後，我愈來愈覺得生活中的一些小事，往往可以帶給我很純粹的快樂，可能有人會覺得難以理解，甚至有點荒謬，最明顯的例子是每天早上起床，我習慣掃掃地、拖拖地，快速打掃一下，大概也就花個三、五分鐘，可是每次都讓我神清氣爽，並且有一種發自內心的快樂。

也許每天的生活常有很多事情無法控制，出門塞車、工作煩心，更不要說還有人的問題等，爲什麼這個人要講這句話，爲什麼那件事情會這樣發展……，我們可以控制的部分非常少，就連身體都沒辦法完全控制，雖然不需要控制所有事情，但如果有一些事情是只要做了就會有所不同，可以變得更好，不是很棒嗎？

每天花幾分鐘簡單打掃一下就可以把環境變得更好一點，雖然不是什麼了不起的變化，卻非常具體而眞實，自己就可以做到，而且根本不需要什麼費用，就可以感到煥然一新。我們很難期待每天都有什麼大成功，可是生活中很多小地方的進步可以讓我們快樂起來。

人生的不同階段，追求的幸福和滿足也會跟著不同，小時候也許一瓶養樂多就可以滿足；國、高中期間交到知心朋友往往會感到幸福；完成學業出社會準備就業時，想要的可能是找到合適的工作……，一個人所追求的幸福和滿足，會隨著生命的不同階段跟著有所不同。

幸福從來沒有單一定義，身處不同人生階段，要清楚了解當下的自己，知道不同階段想追求什麼及背後的理由，透過認識自己，找到目標，才能在達成這個階段的目標時，發自內心感到幸福。

和人的交流互動會一直留在心裡

回想過去到現在走過的這些路，參與過的不同平台，我最記得的永遠都是人，當時發生的事情日後差不多都忘記了，可是和人的交流互動，往往會一直留在心裡，就像那張小學同學的團體照，雖然可能跟同學吵過架、打過架，可是那些事情早就忘了，現在看到照片還是會想起和這些同學一起玩、一起上課時快樂的感覺。

生活中的樂趣或美好並不難得，很多想起來就能感到幸福的時刻，經常只是心意的展現，就像我在香港科技園工作時，和一群專業嚴謹的香港人共事，很多人覺得香港人講話快，沒什麼耐心，對人也總是有點冷淡，何況只要有人的地方就有政治，科技園辦公室也有它的人際網絡，我這個不會廣東話的外地人很多時候我不太知道他們在講什麼。

有一年我生日，非常意外的收到同事特別爲我拍的影片，看到平時穿得很正式，形象專業嚴肅，工作一板一眼的同事，居然願意在大庭廣衆之下大唱生日快樂歌，甚至還拍成影片，我簡直不敢相信大家爲了幫我慶生，居然願意打破形象。

雖然影片太搞笑，讓我笑到肚子痛，但內心眞的感受到大家給我的溫暖，以及背後代表的眞摯友誼，即使共事的時間沒有很久，卻讓我的生命有了一段無可取代的珍貴記憶！

很多時候，我們會對於一直陪在身邊，不可多得的珍貴人事物忽視又無感，也許應該做的是停下腳步，體察日常生活中看似普通平凡卻稍縱即逝的美好時刻，也爲生命中的重要他人做一點什麼。

比較誰比較快樂或痛苦沒有意義

生命中的快樂與美好常常與擁有的物質資源或世俗成就沒有絕對關係，像我媽只是把燈關了，點上一根蠟燭，就讓平凡的玉米濃湯頓時變成山珍海味，而這樣的一頓「西餐」在數十年後，讓那個當年爲此驚嘆的小男孩，即使品嚐過無數次貨眞價實、如假包換的「西餐」，還是對那一頓一家人在斗室中小小燭光下吃的「西餐」念念不忘，回味無窮。

總結

1 找出生命中眞正重要，絕對不想割捨的東西。
2 好好記住幾十年後想起來還會讓你笑的事情。
3 花幾分鐘打掃，讓環境變乾淨，就可以讓心情好起來。
4 帶著心意爲他人做一件好事，就會發自內心感到快樂。
5 快樂不能量化，更不能比較，比來比去沒有意義。

我小學四年級時與台北市東門國小同班同學合照

校長週記

訂正

民國68年四月二十七日星期五　第十週　天氣　晴陰

奇異的晚餐

「噹、噹」每當時鐘搞六響時，就開始了。今天最快樂的晚餐。可是今天廚師卻做了一次西餐，今天總算使我們開洋葷了。

起先媽媽先發一人一個小盤子，先喝玉米湯再吃主食。突然媽媽把燈全熄掉，只留下一個從前不起眼的小燈炮。

結果在這短短的40分下結束了這一頓豐

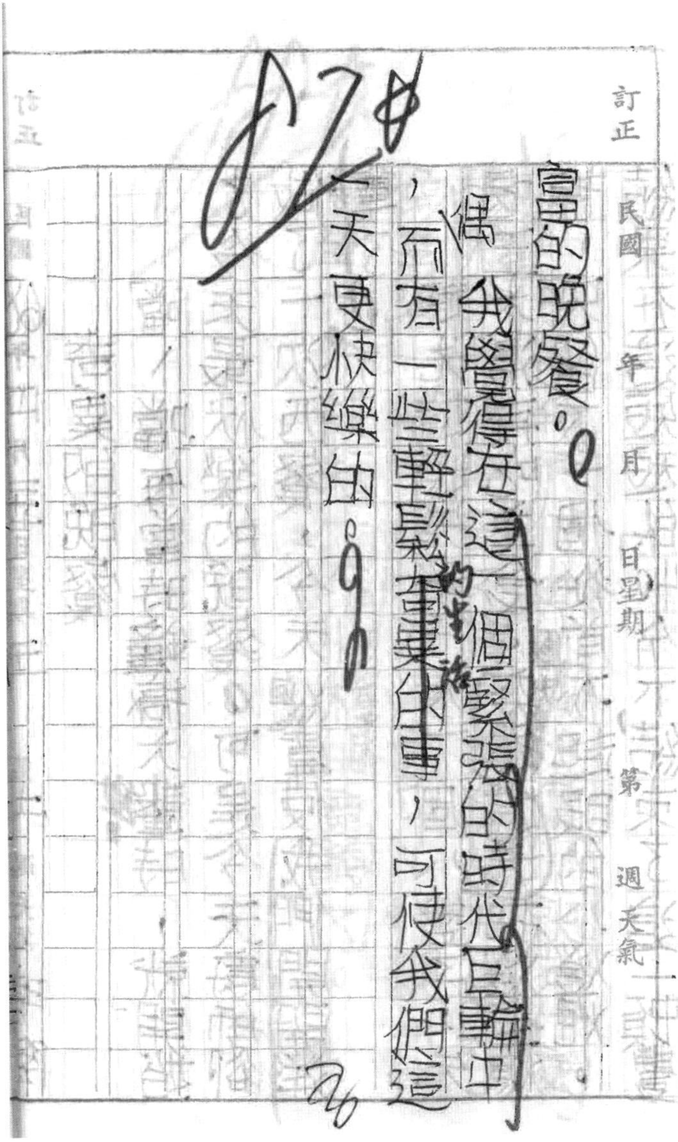
訂正
民國　年　月　日　星期　第　週　天氣

富的晚餐。
偶　我覺得在這一個緊張的時代巨輪中
，而有一些輕鬆的生活有趣的事，可使我們這
一天更快樂的。

第十一章 再親近的人，也是獨立的生命個體

從年輕到現在，我的生命有好幾次很特別的告別經驗，像是小學跟著爸媽一起離開台灣，或是現在自己回來台灣工作，無論有沒有生活在一個屋簷下，我和家人的感情都很親近，只是我也很早就意識到人生本質上是孤獨的，即使親如父子、母女、夫妻，每個人仍然是獨立的生命個體。

每次告別後，人生再也不同

回想我的生命歷程，好像一直在不斷告別，雖然不是生死兩隔永不再見，但

的確每幾年就要跟一個地方、一些人或一些事情明確的做結束，不是出國幾天就會回來的暫別，而是強烈的斷裂，自此可能再也無法回到原本的狀態，再也不能回到原來的生活。

當年爸媽帶著妹妹去荷蘭的時候，我去機場送機，記得媽媽在機場哭到停不下來，大概是不放心我一個人在美國，但是我也只能要她別擔心，承諾會好好照顧自己。

只是說歸說，一位母親怎麼有辦法聽十幾歲的孩子這樣講講就安心。等我年紀漸長，才愈來愈清楚，每一次的告別，人生就再也不同了。

但當時我是個叛逆又不懂事的年輕人，對離別沒有太多想法，沒有什麼深刻的感覺，雖然也有點捨不得，但更多的是好奇和興奮，沒有意識到這個變化是那麼巨大，或許是因爲對未來還難以想像。

不過說再見的那一刻，我清楚知道以後爸媽和妹妹不會再回到美國跟我住在一起，我很快就要上大學了，接下來無論是讀研究所或開始工作，都不可能隨著爸爸工作調派而搬遷。

得或失取決於我們如何看待

偶爾有人問我怎麼調適不斷告別的心情，會不會感到失落？雖然不會因為一再告別就習慣了，毫無感覺，但是我認為一件事情究竟是得或失，取決於我們如何看待。

告別乍聽起來是失落，是損失，可是同時也會有所獲得。在過程中盡可能看到不同的面向，就不會果斷認定一件事是絕對好或絕對不好。

平衡點要看個人怎麼拿捏，並不是一直強調「得」或「失」，就可以一直感覺快樂或不快樂，因為得或失經常同時發生。

實際上，也由於一再分離和重組，我和家人發展出滿特別的相處方式。最明顯的是我們會很珍惜在一起的時間，不管是爸媽偶爾來新竹找我吃中飯，或我回香港和心村度週末，又或者心村和女兒來台灣看我，還有台灣時間每天晚上八點，一家四口約好固定視訊幾分鐘，都讓我覺得很珍貴，對我來講，這正是因為我們分散在各地的「失」，才能擁有的「得」。

學會放手

從小到大我說了很多次再見，其中有幾次讓我印象深刻，感受特別強烈，雖然隔了很久，但每每想起來，都清楚得像是昨天才發生。

至今我還清楚記得兒子四個月大的時候，我和心村第一天送他到全日的托嬰中心後，離開時的心情和畫面。我看著兒子就躺在那邊，心裡眞的非常非常捨不得，當下深切體會什麼叫做「割愛」，眞的像有一種刀割的感覺，覺得生命怎麼如此艱難。

或許第一次是最難的，那一刻我明明知道兒子是一個獨立的生命，必然要獨立在我之外發展他的人生，可是想到我和孩子的關係、緣分，以及非常特殊又極度緊密的情感，他絕對是我生命中不可割捨的一塊，但我必須學會放手，無論再困難。

那是我第一次和孩子分開，雖然只是一天，卻讓我印象深刻。後來的每一次也都很難，即使道別次數多了不像第一次的感覺那麼強烈，但每次要跟孩子道別都很不容易。

還有一次道別的經驗，也讓我很有印象。

有一年心村受邀到政治大學擔任客座教授，當時兒子已經上小學一年級，女兒還在讀幼兒園中班，政治大學有附設小學和幼兒園，於是我們便決定兩個孩子和媽媽一起待在台灣，我則獨自在威斯康辛大學授課，只能抽空在台灣和美國之間飛來飛去。

記得第一次來台北看他們，要回美國時，一大早就得出發搭機。出門前孩子剛睡醒，有點迷迷糊糊，我跟心村和兩個孩子說再見之後，自己搭電梯下樓搭計程車去機場。

至今我依然清楚記得，當計程車開出巷子時，心裡的感受非常複雜，雖然兩、三個星期後就會再回來，但還是很捨不得，除了有點內疚，還有些擔心，但是仔細想想，又覺得這是心村很難得的機會，孩子也可以趁機練習說中文，更加了解他們文化的根。短短幾分鐘，腦子冒出一大堆念頭，那段車程真的讓我想了很多事。

人生劇本難以預料

差不多在我接任清華校長的時候，兒子也確定要遠赴英國念大學，這是他第一次單飛，將來也不太可能再和我們住在同一個屋簷下。

他去英國前，先從香港來台灣找我，再從台灣直接飛往英國。我送他去桃園機場，看著他過海關出境，突然感覺好像回到一九七九年，四十幾年前在同一個航廈，爺爺、奶奶、外公、外婆、姑姑、阿姨和舅舅們送媽媽與我們兄妹去華盛頓和爸爸一起展開新生活。

我小時候的故事兒子聽過很多次，他很快就了解那次送機對我的意義，懂得我當下充斥甜酸苦辣各種滋味的複雜心情。

人生的安排眞的很奇妙，再厲害的編劇可能都寫不出這樣的劇本。

對我而言，孩子一旦飛出去就獨立了，兒子每天要面對的問題、需要做出的選擇，有些我也許可以想像，但肯定也有些超乎我的想像。除了因爲我們處在不同的環境，其實我和他的成長時空背景也很不同，但透過「送機」的心情傳承，似乎讓我們對彼此的了解更深，關係更緊密。

雖然細節不盡相同，但是兒子現在體驗到的心情，跟我的成長體驗有不少共通點，我不會知道他吃什麼或穿什麼，卻多少能理解他要面對或經歷的事件可能帶給他的感受跟體會，對我來說，那就是成長，即使會很辛苦，也都是好事。

女兒也升大學了，二〇一五年她跟著我們移居香港，從小學讀到高中，親眼見證香港經歷反送中、COVID-19 疫情等歷史事件後的變化，對她來說是生命很難得的學習。她選擇回到美國讀大學，接下來，我們一家四口要一起生活的機會，可能愈來愈少。

人與人之間的關係不是「擁有」或「隸屬」

先前提過我搬過很多次家，也學會了斷捨離，有些東西的捨棄具有一定的邏輯，例如從美國搬到香港時，兩地電壓不同，即使有些電器用得很順手也很喜歡，但越洋帶去香港完全沒意義，不如直接就地送給用得上的親友。

當然也會不捨，拿起一樣東西跟放下一樣東西都不容易。但是透過一次又一次的斷捨離，就會知道再怎麼捨不得，沒了這個東西日子還是可以過得很好，新買的電器用慣了還是很好用。

即使是我的兒子、我的女兒，隨著時間流逝，每個人都一直在成長變化，所謂「我的兒子」究竟是什麼樣的定義，即使他還是在我身邊，可是今天的「他」也跟昨天的「他」不一樣了，不只是外表長得不一樣，思維可能也不一樣。所以一切我的、你的、誰的……，任何關係如果變成「擁有」或「隸屬」，可能就會變得不健康。

孩子從來就不是誰的，不屬於任何人，也許還小的時候父母可以有一些主導權，但也沒有徹底的控制權。

每次想到孩子像風箏一樣飛出去了，我難免擔心放得太長，會不會拉不回來，但這個時候我告訴自己，就好像看過的科幻片，孩子為了征服宇宙或哪個銀河系，可能一去不回頭，縱然再捨不得，可是只要想到「孩子不是『我的』，不是我的所有物」，那就不應該阻止孩子。

如果孩子要去火星探險，父母對孩子說：「你還是不要去吧！我擔心會永遠看不到你。」這樣的出發點，講難聽一點就是自私，因為沒有尊重孩子是獨立的個體。

有人也許覺得我這樣的想法太無情，但這眞的是我認眞思考與感受後的心得，我只能好好面對孩子是獨立的個體，他們長大後父母能夠給予的最好支持，就是放手讓其展翅高飛，無論再捨不得，也要學會接受事實。

女兒從小熱愛天文、嚮往宇宙，未來某一天，她可能會乘著自己參與打造的火箭，飛到太空探險，而我也許從很早開始，就已經下意識做好放她高飛的心理準備。

無論人或物，都不能永遠擁有

生命的本質本來就是孤獨的，我們來到這個世界是一個人，走的時候也是，發生在生命中的每件事只是過程，不會持續到永遠，無論金錢財物或人際關係，都不會永恆不變。

現代人對物質的追求比以前強烈得多，總會互相比較，不過我一直以來都不太在意別人有什麼我沒有的東西。我們家最早搬到美國時，看到很多新移民、暴發戶，許多亞洲來的小孩，十六、七歲就開著名車四處跑，但我也不覺得自己有缺了什麼。

我對物質的不在意，或許也跟念研究所時待在苦寒又樸素的克里夫蘭好幾年有關，那裡很多研究生都非常窮，所以大家不會因爲沒錢而感到有壓力。記得我剛從克里夫蘭搬到加州時，和一個互有好感的女孩第一次約會，我就開著爸爸留給我的破舊老爺車去接她。

車子開上高速公路時，因爲老爺車開太快會冒煙，我只能慢慢開，一旁等不及的車子咻咻咻超車，她一個漂漂亮亮的女生就坐在我的破車裡，也許覺得尷尬或是有點糗，但並沒有多說什麼。

當時天氣很熱，車子的冷氣壞了，我還跟她說：「喔，你可以開窗戶。」老爺車的窗戶是手搖式的舊式開關，她試了半天都開不了，還很客氣的問我窗戶怎麼打開。雖然如此，我們也交往了一陣子。

即使人際關係或物質財產不會永遠屬於我們，但看清楚這樣的事實，反而可以提醒自己，每一次交會的當下，無論人或物，都是非常可貴的時刻！

總結

1 盡可能看到不同面向，就不會認定一件事是絕對好或不好。

2 「失」的同時，也給我們創造「得」的機會。

3 風箏要能飛得高、飛得遠，放的線一定要夠長。

4 無論再捨不得什麼東西，一旦沒有了，日子還是可以過得好。

5 每一次交會，都是無法再複製的機會。

03

第三部

每個人都是那隻蝴蝶——關於世界一份子的責任

人與人之間往往互相影響，
不要給他人或自己貼標籤，更不要把自己框在一個小圈圈裡。
永遠保持思想上的彈性與開放，樂於理解與學習，擁抱不同。

第十二章 三歲看八十

小時候我很喜歡畫畫和看卡通，也喜歡看故事書，最有印象的課外讀物是一套科普書《爲什麼？》，書裡有一個小朋友一直問各式各樣的問題，例如：「爲什麼天是藍的？」「爲什麼我不能吃這個？」「爲什麼早上要起床？」……，總之是一系列爲什麼，書裡會給出很簡要的答案。對我來說，這套書實在太棒了，讓好奇的我得到很多滋養，怎麼讀都不膩。

現在想想，「好奇心」正是追求知識和自我成長很重要的動力，直到今天我還是對世界充滿好奇，閱讀就是我認識這個無限可能的世界，一個非常有效率，又非常便利的方法。

現今網際網路發展非常成熟，各種自媒體、影音平台、社交軟體……，功能愈來愈完備，更別說還有強大的搜尋引擎，讓現代人取得訊息的管道愈來愈多、愈來愈方便。過去閱讀一本書可以產生的各種效益，似乎有很多其他工具可以取代，導致現在習慣閱讀的人口不斷減少。

閱讀可以帶來思索與專注

對我來說，讀一本書，無論是簡單易懂的童話繪本，或者精裝厚重的大部頭書籍，只要動手翻閱，就像是展開一個自我對話的機會，特別是紙本書，可以往前往後隨時翻頁，重複咀嚼思索，這個來來回回的過程，就是閱讀紙本書最珍貴的特質，科技無論再進步，至今仍然沒有足以完全取代這個體驗的發明出現。

當我們看書時，其實就創造了一個只有自己與書本所在的空間與時間，看書不像滑手機，不會突然跳出廣告或影片，不會有各種各樣和書籍內容無關的訊息，從書本某個角落冒出來破壞我們的注意力，我們可以完全聚焦在當下讀到的字句。就好像今天到一家米其林餐廳用餐，絕大多數的人都會慢慢品嚐，而不像是吃速食漢堡一樣，急急忙忙把食物塞進嘴裡，隨便咀嚼兩口吞下肚。

相較於心村的閱讀習慣，我可能算不上是大量閱讀的人，除了專業需求，我的閱讀範圍其實很雜，閱讀量也不算多，但偶爾我會翻翻心村書櫃上的書籍，看她在讀什麼書，她之前研究張愛玲，我也跟著讀了一下，雖然不是系統化的閱讀，但還是看到一些有意思的內容，就好像去到某個時空，跟那個時代的人對話。

透過一個人閱讀的書籍也有助於了解對方，從對方為什麼買這本書、讀這本書，甚至看到書裡畫的重點，可以讓我們更加了解對方，我也透過閱讀心村書架上的書，對她有更多了解。

我一向認為知識不能完全從實用角度來衡量價值，如果人類的知識都只從實用價值來判斷是否值得存在，那麼絕大多數的知識可能都不具有存在的價值。就好像讀一首詩，雖然不太可能有很高的實用價值，但其中表達的情感，引起的共鳴，開創的無限想像，或對某些人的意義或啟發，可能遠遠超過許多可以應用在生活中的知識。

如果要我推薦最喜歡的書，有兩本是我一定會提到的，很巧合的都是兒童繪本，第一本是羅勃・傅剛（Robert Fulghum）一九八六年出版的《生命中不可錯過的智慧》（*ALL I Really Need to Know I Learned in the Kindergarten*）；第二本是蘇斯博士（Dr. Seuss）一九九〇年出版的《你要前往的地方！》（*Oh! The Places You'll Go*）。

這一生該學的東西，早在幼兒園就學過了

《生命中不可錯過的智慧》整本書只有十幾頁，雖然篇幅很短，卻涵蓋我認爲一個人一輩子眞正需要知道，並且具體在生命中實踐的價值，兒子和女兒還很小的時候，我就經常唸給他們聽。

第一次讀到這本書我才剛到美國沒幾年，當時我就覺得這本書說的原則看似簡單，卻又重要，讓我印象深刻，也非常受用。就像原文書名一樣，人一生眞正需要懂的道理，早在幼兒園就學過了，只要能夠好好把這些道理落實在日常生活，就足以成爲很棒的人。

現在我已經五十多歲，每每重讀這本只有十幾頁的童書，看到書中所列十六項在幼兒園就學到的事情，都會讓我產生強烈的內疚感，因爲這十六件事是大人

經常要求小孩一定要做到的事，結果大人卻常常做不到。每天打開電視看到的新聞事件，所有糾紛、摩擦、衝突、甚至戰爭，各種問題的發生，不就是因爲身爲大人的我們，做不到那些小孩都可以做得到的事嗎？

書中提到的十六件事情分別是：

1 Share everything.（分享。）
2 Play fair.（公平。）
3 Don't hit people.（不要打人。）
4 Put things back where you found them.（物歸原位。）
5 Clean up your own mess.（收拾自己的爛攤子。）
6 Don't take things that aren't yours.（不是你的東西不要拿。）
7 Say you're sorry when you hurt somebody.（傷害別人就要道歉。）
8 Wash your hands before you eat.（飯前洗手。）
9 Flush.（上完廁所要沖水。）
10 Warm cookies and cold milk are good for you.（熱餅乾和冰牛奶對你有益。）

11 Live a balanced life–learn some and think some and draw some and paint some and sing some and dance and play and work every day some.（平衡生活——學習、思考、繪畫、著色、唱歌、跳舞、玩樂，還有工作，每天都要做一點。）

12 Take a nap every afternoon.（每天睡午覺。）

13 When you go out in the world, watch out for traffic, hold hands, and stick together.（在外面要注意交通安全、手牽手，彼此照顧。）

14 Be aware of wonder. Remember the little seed in the Styrofoam cup: the roots go down and the plant goes up and nobody really knows how or why, but we all like that.（用心感受神奇之處。記得塑膠杯裡的小種子：根往下長，植物往上長，沒有人眞的知道怎麼了，也不懂爲什麼，但就是這樣。）

15 Goldfish and hamsters and white mice and even the little seed in the Styrofoam cup–they all die. So do we.（金魚、倉鼠和白老鼠甚至是塑膠杯中的小種子，都會死掉，我們也一樣。）

16 And then remember the Dick and Jane books and the first word you learned–the biggest word of all–LOOK.（記得幼兒園教的，還有你學到的第一個字，也是最重要的一個字——看。）

很多人覺得小孩不懂事，大人比較成熟，但我眞的認爲大人不要以爲小孩沒有自己的想法，或沒有大人的智慧，很多時候，小孩很可能比大人更成熟，也更懂得好好對待他人，因爲小孩的單純之心，往往會讓他們在接受一個道理後，眞誠的擁抱與實踐，做出很多大人都做不到的事，就像《生命中不可錯過的智慧》列出的這十六件事情。

眞正重要的價值

書中提到的每件事都很重要，眞正重要的價值不會互相矛盾，我認爲凡是正正當當的大人都有能力做到這十六件連四、五歲小孩都能做到的基本事情，而不是只做其中幾件事情就好。

例如「不要打人」，就是我們很常對小孩說的話。「不要打人」就是不要用暴力解決問題，但人類史上的所有戰爭不就是暴力的極致表現嗎？

無論罵人、打人或是欺負人，說穿了都是暴力，戰爭就是暴力被無限放大的結果。如果一個人要達成的目標，是需要讓別人在非自願的情況下，爲他做出負面的承擔，這個人就是在使用暴力，因爲他把自己的快樂建築在別人的損失或是痛苦上。

又像是「公平競爭」這一點，連小孩子都懂得玩遊戲要公平的道理，但社會上那麼多所謂有知識又懂事的大人，卻經常因爲私心或貪念大玩不公平的遊戲，想來實在很諷刺。

平衡需要費力維持，又不能一直抓緊不放

書中提到的「平衡生活」概念，也是我非常重視的核心價值，教養兩個孩子的時候，我總是鼓勵他們追求平衡的人生，也不時提醒自己要保持生命的平衡狀態。

生活必然不斷發生變化，當下的平衡很難無限制的維持下去，總會有破壞平衡的事情發生，必須不斷努力控制才能避免失衡，就好像騎腳踏車，或我之前學開飛機時學到的道理一樣，平衡不是一旦達成就可以放手不管，而是要隨時保持警覺，在可能破壞平衡的事件發生時，及時予以應對，才能避免失去平衡，也就

是如果想處在平衡狀態，就必須持續刻意維護。

保持平衡也不能只是一味緊抓不放，有的時候必須適度放鬆，才能達到平衡點。無論是自我認識，想知道自己是誰，或是尋找生命中各種難題的答案，很多時候並不是埋頭努力就能夠得到解答，有時候答案反而在沒有特意做什麼事情時浮現。

除了養成例行習慣，透過這些練習來維持生活節奏，我還有一個保持生命平衡的方法，就是提醒自己如果可以，每天接觸一件新事物，或增加一些不同的體驗，讓自己的世界稍微再擴大拓展。

「新事物」或「不同的體驗」不需要轟轟烈烈或石破天驚，而是在如常的例行生活中做一些微調，從小地方做起。例如在健身房運動時，試用一項新器材，或在跑步機上跑步時，比平常再多跑五分鐘。

這些新嘗試看似微小，卻一樣能帶來成就感，透過每天累積一、兩個新的體驗，完成一、兩件沒做過的事情，就能讓自己習慣在各種失衡中，盡快找回平衡，這麼一來，當需要做出比較大的調整時，自然會比較有信心，不會那麼害怕失衡，知道如何重返平衡。

面對人生重大選擇時，讀書吧！

《你要前往的地方！》是另一本對我很重要的書，第一次讀的時候深受感動，很佩服能用幾乎四、五歲小孩都可以讀懂的簡單用字，表達出深刻而眞誠的內在感受，日後我在人生需要做出重大抉擇，或感到茫然混亂不確定該怎麼做的時候，一定會拿起來讀一讀。

人生就是一連串的選擇，有些選擇做起來輕鬆愉快，有些選擇是逼不得已，這時候除了保持理性，盡可能想清楚，或許更重要的是採取行動，一步一步把事情做好。

《你要前往的地方！》這本書在我需要做人生重大抉擇時，一向可以給我安定和勇氣，書中字句總能安撫我的焦躁，讓我靜心沉澱下來，有信心坦然的做出決定，採取行動。

香港大學邀請我出任副校長時，因爲不確定是否應該接受這個難得的機會，不知道要不要帶著全家人從美國移民到香港，展開全新的生活，我除了和心村再三討論，一家四口也多次召開家庭會議，盡可能把可以想到的優缺點都想過一輪，那段期間全家一起讀了這本書好幾次。

到香港幾年後，當我思考要不要爭取擔任清華大學校長，獨自一人來台灣履職，亦或是當兒子和女兒先後高中畢業，考慮要到哪裡讀大學的時候，我們全家也都一起讀了《你要前往的地方！》。

生命中的變化出現時，有不捨也有未知的祝福

女兒申請大學是比較近期的事，我的印象還十分深刻。從小一路看到大的小女孩，也要升大學了，身爲父親的我百感交集，除了想起當年自己在美國申請大學的心情，也想到不久前才在桃園機場送兒子搭機去英國讀大學，沒想到一下子女兒也到了要開始獨立生活的年紀。

當我在家庭會議中朗讀這本書的時候，想到未來一家四口幾乎不可能再像以前一樣生活在一起，忍不住心情有些激動，讀到後來甚至有些哽咽，但書中的字字句句卻再一次提醒我，孩子正要展開他的人生旅程，父母也一樣要面對生命的新樣態，這些改變雖然讓我有些不捨，但相信一定也有很多未知的祝福在等著我

們，這麼一想，情緒也就安定下來。

每次讀這本書都這麼有感觸，應該是因爲我很容易把自己，或是我的孩子，甚至是任何我關心在意的人，看成書中的主角。特別是我對兩個孩子本來就帶著很深的情感，自然更容易引動內在情緒。

我不善於用言語或文字表達情感，很多時候自我內在的感情很強烈，卻不知道怎麼說才好，這本書能夠用很簡潔易懂的文字，幫我說出心裡的感受和腦子裡的想法。

我們通常是家中成員面對生命新里程碑，需要做出重大抉擇時，會一起讀《你要前往的地方！》。

心村和兩個孩子都知道我對這本書十分有感，每次和家人一起朗讀時，每個人也總會對應到自己當下的生命狀態，進而被書中的某句話感動。書的內容總是提醒我，無論做了什麼選擇，未來可能會碰到順利的事，當然也一定有不順利的事，但無論順不順利，一切都是被祝福的。

核心價值永遠不變

我一直很認同「三歲看八十」這句話。有人說從一個人小的時候，就可以大致預期未來他長大之後的樣子，我覺得原因跟一個人的核心價值有關，核心價值不會隨著時間改變，只要觀察一個人的核心價值，即使是涉世未深的年輕人，也可以大致預期未來三十年、甚至五十年的變化或發展。

用「三歲看八十」的角度去觀察一個人，偶爾也會一些有趣的發現。這幾年翻看我小時候的週記，發現每一篇的結尾我居然都會做總結，通常是把一個小故事放大，變成一個更大範圍的思考，例如我認爲綠地不夠，於是在週記寫下給市政府的建言，希望政府能增加綠地；又例如我認爲小孩也有他的壓力，而且承擔壓力的能力不一定比大人差，因爲確實有些孩子的韌性很強。現在看起來，居然還滿宏觀的。

我不知道爲什麼我會這樣做，爸媽從來也沒教我寫週記要做總結，可能是天生的個性使然，或是不自覺中養成的習慣，長大後在我的求學過程或職場工作上，似乎也一直維持在事情告一段落時做總結的習慣。

包容不等於無條件的接受一切

我的核心價値除了前文提到的做爲一個正正當當的人都應該有的基本信念，也很重視「多元包容」，或許和我長期處在「第三文化小孩」的位置有關。

包容是一種開放態度，盡可能打破框架，不設限的去認識世界，但包容絕不等於無條件接受一切，而是一種開放的好奇心，想去了解還有什麼事情可以做，還有什麼東西可以加進來。

我對世界的好奇與原生家庭及成長過程很有關係，從小生長在融合外省與本省多元文化的環境，讓我很習慣同時存在許多可能性，也因此讓我感覺人生充滿無限可能，這或許就是我會有強烈好奇心的源頭。

我希望不管是小小孩、年輕人或已經成家立業步入中年、老年的人，特別是我自己，能夠一直維持這樣的好奇心，永遠思考還有什麼可能性，我相信這樣的人生也會比較好玩。

我五十多歲了，人生一直在面對各種各樣的問題，每天都要做出大大小小的選擇，努力保持平衡，並且不時提醒自己，世界這麼豐富，還有好多好多我不知道的事情，以及更多更多我想見識的事情。活在這樣的世界，我不需要知道更多艱深的哲理或複雜的信念，因爲面對世界所需要的原則與道理，早在幼兒園時我就已經學到了，相信只要把這些原則好好落實應用在人生裡，就已經很棒了！

總結

1 閱讀是有效又便利的認識世界法。
2 透過觀察一個人讀什麼書，可以進一步了解這個人。
3 在幼兒園學到的知識，其實到老都受用。
4 大人不一定比小孩懂事。
5 永遠保持開放與好奇心。

我與清華大學員工子女非營利幼兒園的小朋友分享故事書

第十三章 想要學好外語，「用」比「得」更重要

如何學習外國語言，特別是英語，一直是很多學生和家長非常關心的事，雖然會說外語不等於有國際觀，但能夠通曉不同的外語有助於更直接快速的獲取資訊、了解對方。

參與國際社會，成爲世界公民

現今科技發展快速，翻譯軟體也愈來愈成熟，但透過翻譯能得到的訊息難免經過調整或有疏漏，跟親自理解原文獲得的資訊還是有些落差。能夠直接使用當

地語言就可以更全面的理解訊息所要傳遞的意涵，同時深入了解該國的在地文化與社會民情，對於培養國際觀以及增長見聞具有正面意義，連帶也可以促進多元思考。

我高中時期住在華盛頓特區，當地有很多像國際貨幣基金組織、世界銀行或紅十字會這樣的國際組織，來到這裡工作的各國駐外人員很多都攜家帶眷，學校自然也有不少來自世界各國背景相異的學生。

當時我的成績普通，但我會選擇一些感興趣卻未必很熱門的課程，例如我曾經選修四年西班牙文。

美國是多元的移民社會，華盛頓特區更是格外國際化，因爲認識許多使用西班牙文的朋友，我才會想學西班牙文。

我還學了兩年拉丁文，記得我的那位拉丁文老師對願意學習這個所謂已經「死掉了的語言」的學生極好，有幾次天氣太冷，我的老爺車發不動，他還專程來接我去上課。

學習不同的外語，對我的職涯雖然沒有直接幫助，卻拓寬了我眼界，我也很鼓勵兩個孩子，有機會的話，多學習有興趣的外語。

語言能力可能成爲人生重大決定的關鍵

決定接受港大副校長一職從美國到香港工作時，我知道香港的大學都以英語爲官方語言，無論書寫的公文、報告，或是口語的會議、討論，全程使用英語，因此雖然我的中文基礎只有小學四年級生的程度，而且已經四十多年沒有天天使用中文，但我有信心去香港工作，語言應該不會有問題，至少處理公事不會有語言障礙。但在決定要不要爭取清華校長一職時，語言就成爲滿重要的考量。

一直以來，台灣就是單一語言的社會，無論官方場合或教育環境，甚至商業交流，幾乎百分之九十九的日常生活情境，中文都是台灣唯一的主流語言。在台灣，無論公共標誌或私人文宣，從交通信號、政府公告、廣告招牌、店家菜單……，除了少數場合，幾乎都只有中文可以暢通無阻。

想像一位國際學者來到台灣訪問，或者一個來自外國的交換學生，如果沒有中文基礎，食衣住行會遇到多少挫折，加上我們很少跳出習以爲常的生活情境，用其他人的世界觀理解身處的環境，使得這個問題很少被關注，可能因爲我一直是個「第三文化小孩」，也遇過類似的困難，比較可以想像，甚至感受到對外國人來說，這有多麼不容易。

所以當好友 John 告訴我清華大學正在公開招聘校長，鼓勵我爭取看看時，中文能力是我考慮的問題之一。自從高中一個人留在美國生活之後，我就沒有太多機會使用中文，結婚生子後，家裡也都用英語溝通居多，我的中文能力或許還可以應付日常生活會話，但如果要讀或寫，甚至在正式場合用中文演講或文書往來，我就相對生疏，沒有絕對把握，所以當時不免擔心中文能力是否足以勝任清華校長。

爲此還特別請教比我早幾年回台工作的 John，我們都是「小留學生」，在國外住了很多年，對於中文的掌握度比不上英文，我問他回台灣任教後，在語言的使用上有什麼困擾。他表示剛回台灣時，確實花了一些時間適應，才慢慢找回對中文的語感。

這幾年政府一直在討論有關「雙語教育」的議題，我和 John 同屬「第三文化小孩」，在國外生活多年後回台灣大學任教，我們都認爲台灣如果眞的想要推動雙語教育，必須在日常教學或學校行政事務的往來上，更頻繁使用外語，並且更開放的接受外語。

剛開始適應陌生語言的過程難免有所抗拒，人本來就傾向避開不熟悉的事物，但語言的本質還是要回歸「實用」，每天使用就是最好也最重要的學習，就像我和 John 回台灣任教一陣子之後，中文也跟著慢慢進步，但在適應的過程中，我們都沒有去翻過字典或背誦文法，而是透過日常生活和工作的使用，提升對中文的熟練度。

像學母語一樣學英語，從閱讀繪本開始

我記得當年確定全家人要跟著爸爸外派，到眞的飛去美國，中間大概還有半年到一年，一派親友認爲「孩子不能輸在起跑線」，強烈建議爸媽讓我和妹妹先上英語補習班，以免去了美國跟不上；但同時另一派親友表示，爲了我和妹妹日後能有一口道地的發音，最好不要在台灣學英語，不然一旦有了奇怪的口音，日後想改也改不掉。

我不知道爸媽有什麼考量，但我和妹妹出國前完全沒有英語基礎，直到降落美國的機場時，我連二十六個英文字母都背不齊也不會寫，所以當我開始在美國

上學，根本一句英語都不會講。

美國是一個移民國家，像我這種母語不是英語的學生並不少見，學校會特地開設「ＥＳＬ（English as Second Language）課程」，幫助不會英語或還不夠流利的學生提升英語能力，我在美國上小學那幾年的確上了一陣子。

記得我在美國小學上的ＥＳＬ教學方式與台灣很不一樣，入門課程設計主要是讓學生閱讀。我剛到美國時，英語能力幾乎等於零，一開始在ＥＳＬ課程讀的書籍，從頭到尾只有幾個非常簡單的單字。

以我一直非常喜歡的《你要前往的地方！》爲例，現在看起來是一本十分簡單易懂的繪本，但比起我在ＥＳＬ課程讀的書籍，這本書的難度應該算是中級，因爲更初階的讀本通常整本書只有兩、三個字，然後附上很多色彩豐富的圖畫或情境照片，這樣就算認識的單字很少，也能夠以書中的照片插畫當線索，猜出內容在寫什麼。

隨著時間過去，ＥＳＬ課堂上讓我們讀的書籍，單字不但愈來愈多，難度也跟著一點一點提高，再加上生活周遭幾乎都得使用英語，我的英語也就在不知不覺中進步很多。

我的兩個小孩都在美國出生、就學，對他們來說，英語就是母語，是最熟悉的語言，除了從小在家使用英語溝通，學習「聽」和「說」之外，進到教育體系開始上幼兒園後，「讀」和「寫」自然也都是使用英語。但無論兩個小孩或我自己，在美國學英語的過程都像在學母語，不像在台灣學英語的方式，經常是老師在台上講課，學生在台下聽講。

如果問台灣人是怎麼學會中文的，我想多數人應該不太說得出具體學習方法，母語的習得通常是透過日復一日的使用和接觸，時間久了，就知道怎麼用。

記得兩個孩子開始上幼兒園時，我從旁觀察學校如何教導他們學習「讀」和「寫」，發現最主要的學習方式既不是背單字，更不是記文法，而是跟我讀小學上ESL課程一樣，透過閱讀蘇斯博士或艾瑞克・卡爾（Eric Carle）等作者的作品，包括各式各樣的繪本和讀物，累積孩子的英語能力，藉由持續提升讀本的難度，進而讓聽、說、讀、寫的能力跟著提升。

記得剛到美國時，有一天在學校很想知道時間，但我沒有戴手錶，又不知道怎麼用英語完整問同學：「請問現在幾點？」當下我意識到得想點別的辦法才能得到答案，只好勉強用僅會的單字拼拼湊湊，加上手勢和肢體語言，最後總算問到了，還學會說：「What time is it?」

這個事件讓我印象深刻，原來學語言除了融入環境，慢慢吸收，還要善用各種溝通和表達方式，這兩年我在台灣也一樣，不知道怎麼說的時候，就想盡各種方式，一點一滴把中文練起來。

使用不同語言，思考邏輯變不同

我剛到美國那幾年有寫日記的習慣，一開始還是用中文寫，不過出國時我才十歲，中文讀寫能力還不成熟，有時遇到不會寫的字，還用注音符號標示。漸漸的，日記開始出現幾個英文單字，接著變成中英文夾雜，隨著時間過去，英文占比愈來愈多，中文的比例跟著愈來愈少，直到某一天忽然發現，我已經通篇使用英文，那大約是我到美國兩年以後的事，自此再也回不去了。

這些年來，我唯一留著的日記只有這一本，從裡面使用中英文的消長變化，可以看出我到了美國之後，語言使用的轉移變遷，後來課業和生活愈來愈忙碌，就中斷了寫日記的習慣。如今回頭翻看當時的日記本，發現我從中文轉英文的過程實在很有意思。

無論是中文、英文、西班牙文或是拉丁文……，不同的語言，並不只是用字和發音不同，而是從句型結構，到主詞、動詞、受詞的先後順序，都有很大差異，因此使用不同的語言，不只是聽、說、讀、寫的差異，連帶也會影響一個人的表達方式和思考邏輯。

很多時候一個單字不只一種意思，經常會隨前後脈絡產生不同含義，如果要翻譯一個單字，在不同語境下，可能出現不同意涵，有時候甚至意思完全相反。

語言的學習和熟練，關鍵在「用」

我認爲學習語言，可以從「得」跟「用」兩個角度去看，一直以來，台灣的外語教學通常比較重視「得」，讓學生透過背單字、學文法、練習ＫＫ音標等方式，來「獲得」語言能力，雖然這也是一個學習方式，但回想學習母語的過程，語言的習得光用這樣的方式，能達到學的習成效似乎很有限。

至於「用」的概念，是透過「使用」來學習語言。以我學習英語的親身經驗爲例，美國人或英國人雖然能說流利的英語，對學校課堂學到的英文文法可以運用自如，不過如果請他們解釋其中的邏輯或規則，多數人可能說不出一個所以然，他們可以判斷這樣說或那樣寫對不對，但除非是專業英語老師，或從事英語或語言學研究的專業人員，否則多數英美人士通常無法明確解釋某一個句型或文法。

可惜現在台灣比較重視「得」，因爲比較容易考試，你會背幾個單字，我就考你幾個單字；教到哪一個文法，就考你這個情境下，哪一句話才合乎規則。可是眞正在生活中對話、寫作、溝通……，往往不只是單字或文法的堆砌，還需要很多時間融入生活情境，才能掌握最道地的語言。因此學習英語時，「得」可能相對比較容易入手，但要學會怎麼「用」，卻需要很多配套措施才能做到。

我一直認爲語言的學習和熟練，關鍵在「用」不在「得」，也就是透過說出來、寫出來等方式實際運用，即使一開始知道的字彙有限，或者熟悉的句型很少，甚至對一句話都不是全然理解，但是在學習外語的過程中，必須要兼顧「得」和「用」，千萬不要因爲字彙數量不夠，或文法的理解與認識不完整，就不敢開口表達。

我和大家分享一個透過「使用」提升語言能力的親身經驗。

前文提到我去香港大學任教時，不擔心有語言隔閡，只是沒想到剛履職沒多久，可能不到一個星期，學校有一個活動需要我代表出席並上台致辭，原本想說用英文致辭沒問題，沒想到這是作家龍應台女士在港大主持的「他們在島嶼寫作二：文學電影節」，她建議致辭者最好使用中文。原本滿有把握的我，一下子緊張起來，沒想到這輩子第一次上台用中文致辭，台下聽眾居然有白先勇、洛夫和林文月等大師級人物。

爲此，我事前做了很多準備，除了撰寫致辭稿，還試著學習拼音輸入法，用一指神功一個字一個字在鍵盤上慢慢敲，因爲一切都是從頭學，不時就會選錯字，一篇三十秒到一分鐘的講稿，花了好幾天才完成。

寫好講稿，我還特別把兩個孩子找來，請他們當聽衆，讓我實地演練，有什麼問題當場告訴我，來來回回練了好幾次之後，慢慢愈來愈熟練，心裡才比較有把握。

活動當天還算順利的完成第一次公開用中文致辭的任務，我和龍應台女士也因爲這個活動變成朋友。我感覺自己的中文短時間內有了明顯進步，雖然過程壓力頗大，不過如今想起來，反而覺得眞是很有趣的體驗，同時更深刻感覺到，如果要把語言學好，「用」和「得」兩者都要兼顧，有時候甚至「用」比「得」更重要。

大腦潛力無窮，可以同時學習不同語言

有人問過我學語言應該要專心學好一門語言，還是同時學習不同語言，特別是很多新手父母希望從小培養孩子的英語能力，卻又擔心一方面學中文，一方面可能還要學講台語、客語等不同母語，如果再進上英語，會不會造成孩子混淆。

我認識很多和我一樣具有「第三文化小孩」背景的朋友，他們的父母可能來自不同國家，從小就成長在多聲道、多語言的環境，來回切換使用不同語言就像呼吸一樣自然。

記得我在荷蘭待了一陣子，雖然這個國家不是特別大，但我認識來自世界各地的人之中，他們的語言能力是世界最強的。

幾乎每個荷蘭人都懂得荷蘭語、英語、德語及法語等四種以上的語言，更讓我佩服的，是他們使用不同語言時，無論用字、文法或發音，幾乎像母語一般流

暢自然，絕不是僵硬的強記課本上的傳統用法或刻板內容，而是可以掌握當代不同語言被使用時，最普遍又最具生命力的用法，這種語言能力即使是公車司機也都有。

除了荷蘭，另一個人民可以流利使用多種語言的國家，是我博士後曾住過的瑞士。這或許與其官方語言多達四種有關，瑞士人幾乎具備至少三種以上的語言能力。他們長期處在不同環境，又有很多對象可以學習，在與官方溝通時，還可以從德、法、義中選擇要用哪一種語言，久而久之就能自然流暢的在不同語言中隨時切換。

因此無論學習母語或外語，各種語言的習得最終都必須回到「得」和「用」的概念，缺一不可。

現代腦科學研究發現，至今對人體大腦的了解還不到百分之五，也就是大腦有百分之九十五的運作，我們依然不清楚，因此大腦還有很多我們不確定，可能持續在發展中的機制和能力。

我不是語言學家或腦科學專家，但是經過這麼多年觀察與體驗，我認為透過大腦本身的韌性與彈性，一個人可以同時學習多種語言，但前提是要有足夠的時間練習和使用，不能只是埋頭讀書，例如今天如果學會新的單字或詞語，就要試著多加使用，透過在生活情境中反覆實際運用，增加熟悉與理解，進而累積語言能力。

總結

1 學習外語，可以更直接深刻的認識世界。

2 像學母語一樣的學英語，不妨從閱讀繪本開始。

3 要學好語言，「用」比「得」更重要。

4 「得」到的語言能力，要多「用」才會熟練。

校長週記

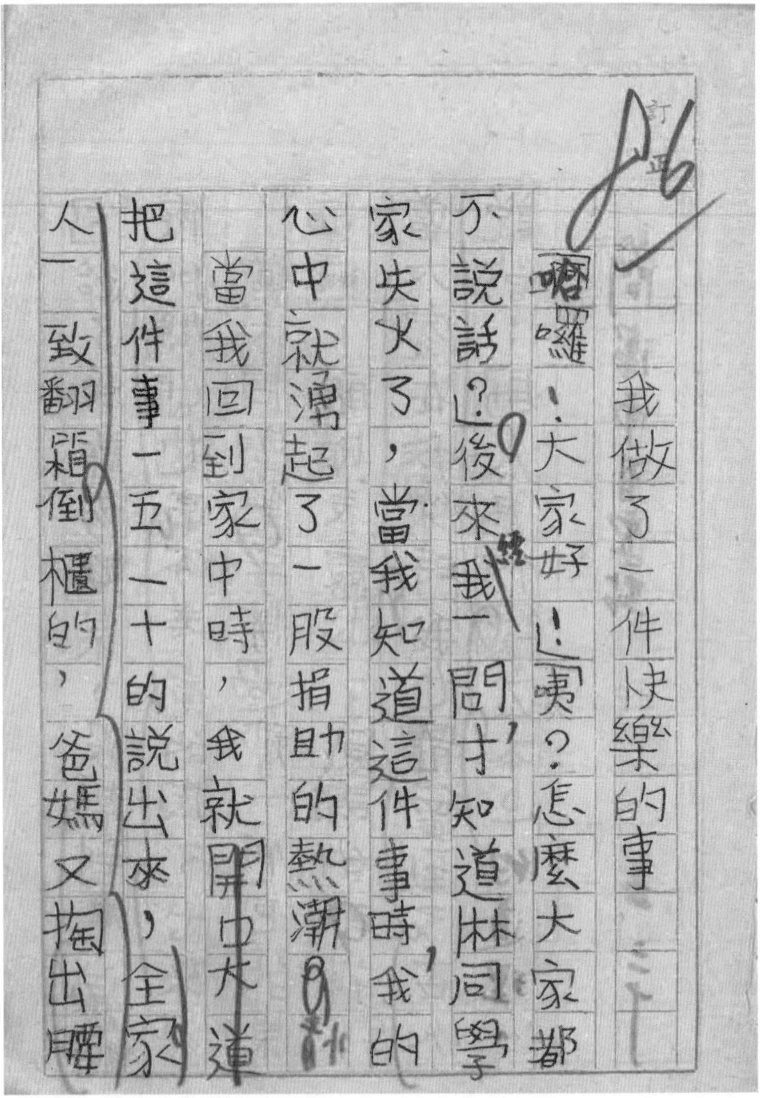
我做了一件快樂的事

哈囉！大家好！咦？怎麼大家都不說話？後來我一問，才知道林同學家失火了，當我知道這件事時，我的心中就湧起了一股捐助的熱潮。

當我回到家中時，我就開口大道把這件事一五一十的說出來，全家人一致翻箱倒櫃的，爸媽又掏出腰

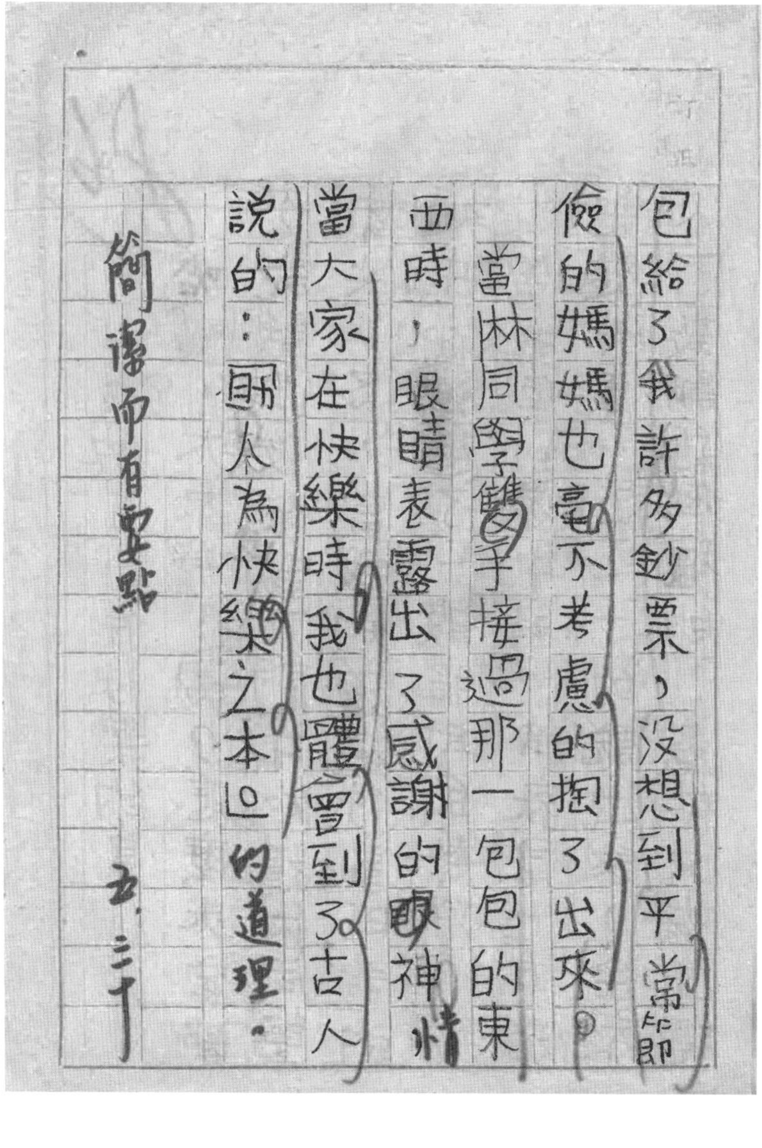
包給了我許多鈔票，沒想到平常節儉的媽媽也毫不考慮的掏了出來。當林同學雙手接過那一包包的東西時，眼睛表露出了感謝的眼神精

當大家在快樂時我也體會到了古人說的：「助人為快樂之本」的道理。

簡潔而有要點

五、二十

第十四章 永遠保持思想上的彈性與開放——成爲世界公民

一九七九年，爸爸被外派去華盛頓，他先出發安頓好之後，之後媽媽才帶著我和妹妹從台灣飛去美國。那時候出國不像現在這麼普遍，越洋搬家也無法直接租一個貨櫃運送行李，我們三個人就像逃難，拎著大包小包搭飛機。

那是我人生第一次搭飛機，興奮得要命，當時台灣沒有直飛美國的班機，得在東京轉機，難得有機會到日本，媽媽還特地帶我和妹妹在東京玩一玩。

第一次到東京，我都呆掉了，那彷彿是一個科幻世界，連麥當勞的味道和logo也跟台灣不同，直到去了美國我才知道，原來我在台灣吃的麥當勞是冒牌貨，當年麥當勞根本還沒正式進入台灣。

記得媽媽帶我們去逛東京的百貨公司，玩具那區有各式各樣的玩具放在那裡任你玩，我簡直不敢相信會有這種好事，當時台灣的店家別說讓客人隨意把玩，幾乎所有舶來品都包裝密實的放在櫃子裡，消費者只能遠遠的看，實在很難想像怎麼會有這麼棒的地方，各種新玩具可以讓人隨意玩到飽。

那次過境東京雖然短暫，卻可能是開啟我成爲世界公民的契機，我第一次知道，世界上原來有這麼多不同的可能，我所理解或以爲一定如此的事情，其實可能和我想的完全不一樣。

世界公民最重要的特質

小姨丈吳念眞跟我聊過「世界公民」的概念，在思考何謂「世界公民」時，我認爲「世界公民」也許沒有一定的框架或標準，但最重要的特質應該是永遠保持思想上的彈性與開放，這樣就算一輩子只待在一個地方，也可以成爲世界公民。

記得獨自留在美國讀書那幾年，偶爾會受邀去同學家吃飯，日本和巴西同學家從吃什麼，到吃飯的規矩習慣，幾乎完全不一樣，也是這些體驗讓我發現世界上沒有一定標準，保持開放心態，樂於理解與學習，或許才更加重要。

一件事情本來就有很多面向，只要採取不同角度，就會看到不同視野，進而做出不同的行動，連帶產生不同的後果。世界公民不會讓自己局限在某些固定的思維裡，而是永遠保持開放，願意聆聽並試著理解不同的人，對一件事可以有獨立自主的觀點，而不是全然服從社會的主流價值。

判斷一個人是否爲世界公民，要看他如何自我探索，如何回應這個世界和外在環境，當受到不同文化洗禮時，是否可以從中觀察或學習到什麼，最重要的是重新認識自己。或者說，他會不會去發展原本不知道自己擁有的能力，或是去看見世界上確實存在某種可能性。

是否足以成爲「世界公民」，與去了多少地方，或有什麼偉大成就沒有絕對關係。國際化不是護照上有多少戳章，也不是要住過很多地方，重點在於心態有多麼開放，多麼樂意去擁抱不同，也就是大腦內的設定是不是保有彈性。

我看過有些人，雖然去過很多國家，卻永遠只以自己的觀點來解釋這個世界，對於不符合他既有框架的一切，全都抱持抗拒排斥的態度，這樣的人就算繞了地球再多圈，也不會是世界公民。

不局限自己

爸媽帶著妹妹住在荷蘭時，我會趁著暑假從美國飛去歐洲探親，當時去歐洲跟今天去歐洲完全是不同的體驗，持台灣護照要去哪一國都得申請簽證，不像現在的台灣護照這麼好用，不必簽證就可以在歐洲很多國家自由進出。

當年去探親時，我只申請了荷蘭簽證，一開始只能去「比荷盧經濟聯盟」（Benelux），也就是比利時、荷蘭、盧森堡三個國家，這也是歐盟的前身，日後才有其他歐洲國家陸續加入聯盟。

那一段期間，世界發生了很多事，像是許多歐洲國家開始撤除邊界，幾乎是一夜之間，歐洲人從荷蘭開車到法國途經比利時的時候，不再需要停車受檢，可以毫無阻攔直接開過去，沿路只會看到國旗標示有所變化，藉以提醒行人已跨越國境，來到另一個國家。

我心想：「哇！幾百年、幾千年的戰爭遠遠被拋在腦後，人類社會打破過去的人爲疆界，人民和物質的流動可以更自由！眞是太棒了！」可能從小身處異文化交流頻繁的環境，我一向認爲打破疆域界線是好事，傾向積極擁抱國際化。

只可惜當時台灣人還不能和歐洲人一樣直接穿越邊界，所以當我持台灣護照在歐洲跨越國界時，還是得特地接受檢查才能入境。

那段時間也是柏林圍牆倒塌的歷史時刻，我記得第一次去到東柏林，內心覺得這個世界原來可以這麼和諧，要是大家都可以互相認同，和諧相處，所有人一起努力，世界就太美好了。

我總是追求生活的平衡，人只有不局限自己，開放的探索各種可能性，才有機會達到平衡。我一直很認同，也很喜歡與人分享的「六度分隔」理論，就是在呼應人與人之間往往互相影響，所以不要給他人或自己貼標籤，更不要把自己框在一個小圈圈裡，就像我很希望台灣人對於「我是誰」的定義，可以不要太局限，畢竟這個世界並不只有美國和中國，而是遠遠大得多，也豐富得多。

我在西方國家工作多年，後來又來到亞洲工作，經常有人問我是否感受到東西方文化的衝擊和落差。其實我從小到大，都一直提醒自己不要對任何事情一概而論，因爲根據我親身接觸的經驗，確實沒有所謂的單一普遍性，可以完美解釋任何單一群體。

每個社會都有各種人，每個人的做事方式都不同，無論在美國、香港或台灣，我總會遇到很不一樣的人。雖然每個群體多少會有一定的共通點或相似的特性，就好像東方人大部分是黑頭髮，但只要再進一步了解，肯定會看到同一個群體中的個體不相同的地方，所以我總是傾向不要用一概而論的方式去標籤化單一族群或團體。

以香港為例，由於是非常國際化的城市，大家對香港人的印象好像是很冷漠，追求效率，沒有耐心。但事實上，香港百分之九十以上的人口是華裔，滿多人保有傳統儒家思想，所以香港社會有著很強的家族觀念。在香港學界服務那幾年，我接觸到的人也不像印象中那麼現實冷淡，甚至幾度做出讓我非常感動的事情，我也因此看到香港人既重感情又充滿人情味的一面。

博士畢業後的南半球旅行

我學生時代就對澳洲充滿幻想，一直生活在北半球的我，非常好奇南半球是什麼樣子，光是聽到他們連沖水馬桶的水流、漩渦的方向都和我們相反——北半球是順時鐘，南半球是逆時鐘——就讓我覺得神奇，更別說南半球的星星既沒有北斗七星，也沒有北極星，這所有的一切都讓我很想見識一下地球另一半的眞貌。

由於當時還沒有網路，資訊不是從書上得知就是聽別人轉述，那幾年我在書中看到的澳洲照片，印象最深的是一大片深紅色沙漠，還有好多與北半球完全不同的對比，每一樣都非常吸引我，聽到有關澳洲的一切，都讓我渴望又好奇，我甚至認爲如果能去到澳洲，應該差不多就等於去到外太空吧！

那時我默默許了一個心願，不管念到碩士還是博士，最終從校園畢業時，我要給自己一個很棒的畢業旅行。那個年代要去澳洲旅行，對我這樣的學生來說，不只很遠還很貴，爲了達成這個願望，我從許願的那天開始，就嚴格規定每個月要存下五十美元做爲旅費。

當時我每個月的薪水大概六、七百美元，除了房租、油資和餐費，還要支付汽車保險等費用，五十美元差不多是我一個月開銷的百分之十，比例不算小，但我估算如果要在畢業時完成這個願望，每個月存五十美元已經是最低限度。大約五年之後，我總算畢業了，但存下的旅費依然不夠，後來還是向家族親戚長輩募款，我的南半球畢業之旅才總算能夠成行。

這一趟背包客旅行讓我有機會訓練自己從設定一個大目標開始，把大目標分割成一個一個小目標去執行，靠著恆心與耐心，一一達成小目標，最後集結起來完成大目標，這個經驗對我日後工作或生活的規劃與執行，有很大的幫助。

當時《鱷魚先生》（*Crocodile Dundee*）這部電影在美國紅得不得了，故事講述一個在澳洲獵鱷魚的土包子跑到紐約發生的趣事，後來這名演員變成指標性人物，成爲那個年代美國幾乎無人不知的明星。我也看了這部電影，沒想到居然聽不懂他在電影中講的英語，這時候我發現即使都是英語，也有相當大的差異，也就是世界上並沒有所謂「正確的英語」。

一九九六年我博士一畢業就展開兩個月的澳洲旅行。行前我花了很多時間和心力做功課，光飛航路線就費了很多心思，我記得先從克里夫蘭飛到德州休士頓，再飛到洛杉磯，接著到夏威夷，然後去關島，最後才抵達雪梨，整個航行路程長達四十多個小時，之所以排出這樣零碎又漫長的航程，主要爲了省錢。

抵達澳洲後，我的第一站要去墨爾本，出了機場就買了長程巴士優待票開始公路旅行。記得巴士行駛的公路有幾個路段只有一線道，卻不時對向出現來車，這時雙方駕駛必須自行判斷讓還是不讓，以及誰該讓，誰又不該讓。

印象很深刻的是澳洲的公路列車（road train），這是一種連結貨車，把三輛、五輛甚至更多大貨車連結在一起，變成像火車的列車，不過是行駛在公路上，有時候連結的車輛很多，列車會拖得很長，對我來說，那是很酷的澳洲景象。

澳洲內陸很大，人口不多，車子更少，公路旁既沒有房子也沒有人，巴士可能開了二、三十分鐘才會看到其他車子。我還特地問司機先生，巴士開在寬度可雙向通行的一線道公路上，看到對向有來車的時候，怎麼判斷讓還是不讓。

司機先生以澳洲人獨有的幽默感說看誰的車子大，小車通常會識相讓大車。我還傻傻問說：「Really?」因爲對向來車往往只能看到車子正面，很難判斷誰的車子比較大。沒想到司機先生還一臉認眞的告訴我，如果是這種情況，就只好用猜的！澳洲獨有的公路列車，也反應出在澳洲什麼東西都很巨大的風格。

澳洲的公路列車讓我覺得世界各地都有各自不同的規則。就像台灣機車很多，身處車陣中感覺好像很可怕，不了解的人可能會覺得難以想像，怎麼可能媽媽騎機車前後各載一個小孩在車陣裡鑽來鑽去，用想的就覺得很危險，但其實在台灣生活的我們早就找出亂中有序的節奏。

後來我又去了離愛麗斯泉市（Alice Spring）不遠的烏魯魯（Uluru），這裡又被稱艾爾斯岩（Ayers Rock），是澳洲原住民的聖地，現在已經被列爲世界遺產。烏魯魯是由含有大量鐵礦的砂岩所組成的小山，鐵氧化後生鏽，讓烏魯魯看起來是一座鮮紅色的山坡，加上位置幾乎就在澳洲國土正中間，因此又被稱爲「紅土中心」（Red Centre）。

烏魯魯原本是澳洲原住民的聖地，後來的拓荒者移民對當地文化不夠了解，也缺乏尊重，導致這塊土地受到破壞。我去的那一年，澳洲才開始對在地原住民文化有更多認識與了解，原本遊客可以爬上烏魯魯，但自二〇一九年起，澳洲政府正式宣布禁止攀登。

烏魯魯是很神聖的地方，當初我拉著鐵鍊爬上去，看到堅硬的岩石被攀爬的遊人走出一條凹道，感覺像是一道疤痕。這裡還有很多不同形狀的圖騰，由於以前沒有文字，創作者就押上手印做標示，他們畫畫的方式是把色料放在嘴巴裡咀嚼，跟唾液混合後，再一口一口吐成畫作。

當時我眞的可以感覺到人類遠祖用他們的方式跟後代子孫，也就是我們現代人溝通，除了佩服遠古人類的智慧，還有一種難以言喻的神聖，當下讓我感動到雞皮疙瘩都起來了。

許多生物醫學材料放入人體沒幾年就可能衍生一堆問題，但這裡的手印卻能維持一萬多年，雖然與當地氣候極度乾燥有關，可是想到遠古人類根本沒有什麼科技，都是徒手用身體創作，卻能如實呈現內心和腦子裡想的東西，不免感覺自己眞的像置身在外太空，見識到完全超乎想像的東西，讓人發自內心讚嘆。

這趟旅程一路走下去，我碰到各種從未看過的建築，和不認識的人聊天談話，就這樣繞了澳洲一圈。中間一度參加一個當地特別的旅行團，一行十人開著水陸兩棲六輪驅動越野車，去到沒有柏油路面的澳洲最北部約克角（Cape York）和星期四島（Thursday Island）。

由於「路況」實在欠佳，爆了幾個輪胎，光是等新輪胎送來就要四、五天。那幾天大家沒事做，只好從早到晚坐在一起跟當地的原住民喝啤酒聊天，我也因此看到、聽到、想到許多絕對不會出現在教科書的訊息與知識。

我很想去大堡礁潛水，爲了這趟澳洲旅行，在研究所期間特地考取深海潛水執照，因爲後來在當地參加一個進階潛水課程，住在船上一個多星期，每天都潛到水裡四次，大大滿足我的願望。

潛水執照有不同等級，我希望能夠拿到在進階開放水域的救援執照，包括急救、夜潛、沉船潛水……，都是那幾天學習的內容。我在船上生活了一個多星期，每天除了潛水還是潛水，三餐都用三明治打發，雖然弄得渾身又髒又黑，但實在很過癮。

最後我抵達雪梨時，旅費幾乎花光，去住一天五澳幣的青年旅館，只有一張床，但每天可以領到免費餐劵。現在想起來，我當時簡直像個遊民，但對那麼年輕的我來說，這趟既克難又陽春的背包客旅行是人生無可取代的美好經驗。

因爲不知道爸媽這輩子有沒有機會到澳洲，我很想買個紀念品給他們，記得到了昆士蘭州的凱恩斯時，我幫爸媽各買了一件當時很流行、花色非常鮮豔的Coogi 毛衣，它們占了背包差不多三分之二的空間，我一路背著走遍澳洲，它們應該是我在澳洲花最多錢買的東西，雖然很貴，但很値得。

每個人都有我沒有的能力

在澳洲旅行時，我還見識了剃羊毛活動，剃羊毛的人眞的好專業，讓我大開眼界。這一路旅行，我看到開公路列車的司機、載我去潛水的船長，還有剃羊毛的師傅，他們在做的事情我這輩子都不可能做到，我深刻體會世界上沒有什麼人

「最了不起」，因爲有太多人都在做我不會做的事。

一個人不可能任何事情都擅長，所以要尊重每個人都有我們自己沒有的能力，當時我能夠接受這個事實，好像也是一種解放，看清楚之後反而可以眞正聚焦在想做的事情上。

通常眞心想做的事情，往往也是可以做到的事情，有興趣才會願意一直追求，無論是想研究生物科技材料或煮好咖啡，都同樣值得投注心血。果然去到新的地方，看到完全不一樣的世界，會讓人感觸良多，也能想通很多事。

這趟旅行累積的經驗對我日後的人生很有幫助，像是錢快用光時，除了焦慮，還是要想辦法繼續前進，因爲想去的景點還沒去過，一切還不到結束的時候。後來我果然克服很多難題完成了畢業旅行，這個體會也讓我有了信心，相信未來可以學習靠自己完成很多事。

從每天整理床鋪開始

常有人問我如何成爲世界公民，是不是一定要會說外語。雖然懂外語有助於了解異國文化，但懂外語絕不等同於具備國際觀，因爲國際觀的培養沒有一定的規則或方法，懂外語、經常出國的人也不一定具有國際觀。

我認爲國際觀是一種思考習慣，不要因爲刻板印象或外在標籤而局限自己，要具有宏觀的思考能力，這種能力的養成未必要去遙遠國度，或完成了不起的事情，我的建議是從每天的基本生活做起，並且對生活周遭產生好奇與關心。

不妨先從每天起床後疊好被子開始，一個人要是連分內事務都做不到，就不可能期待他擔起更多社會責任，所以必須先把分內事情做好，從微觀角度著手，照顧好自己和身邊的人，才可能慢慢擴大到以宏觀角度思考，進而貢獻能力，扛起更多社會責任，成爲具有國際觀的世界公民。

此外，一個人對所處的地方有愈多認識與認同，一旦去到其他國家，往往愈能體會在地與國際的不同，體察出文化差異及相同性，若能以自身成長與生活環境爲基礎，向外探索更多其他地方，就可以累積更多對世界的認識與了解，這也就是國際化。重點在於不設限，對所有的不同保持開放。

一個在新竹土生土長的居民去認識並了解新竹從日治時代到國民政府的歷史背景，雖然看起來好像只是在認識自己的生活環境，但對生活周遭產生好奇心甚至帶著責任感，往往是培養國際視野的第一步。如果一個新竹人對於同樣位於這片土地上的其他人或事完全不感興趣，就很難抱持好奇心去了解更遙遠的地方，當然更不容易對遙遠地方發生的人與事產生同理心或責任感。

總結

1 讓大腦內的設定盡可能保持彈性。
2 沒有任何單一普遍性可以完美解釋任何單一群體。
3 把大目標分割成幾個小目標，一一達成小目標後，就能完成大目標。
4 接受每個人都有我們所沒有的能力，把焦點放在想做的事情上。
5 做一個具國際觀的世界公民，從每天鋪床開始。

達成大目標就是每天小目標的累積

（從上到下依次爲我 2023 年一整年每天跑步、重訓及做核心運動的紀錄）

校長週記

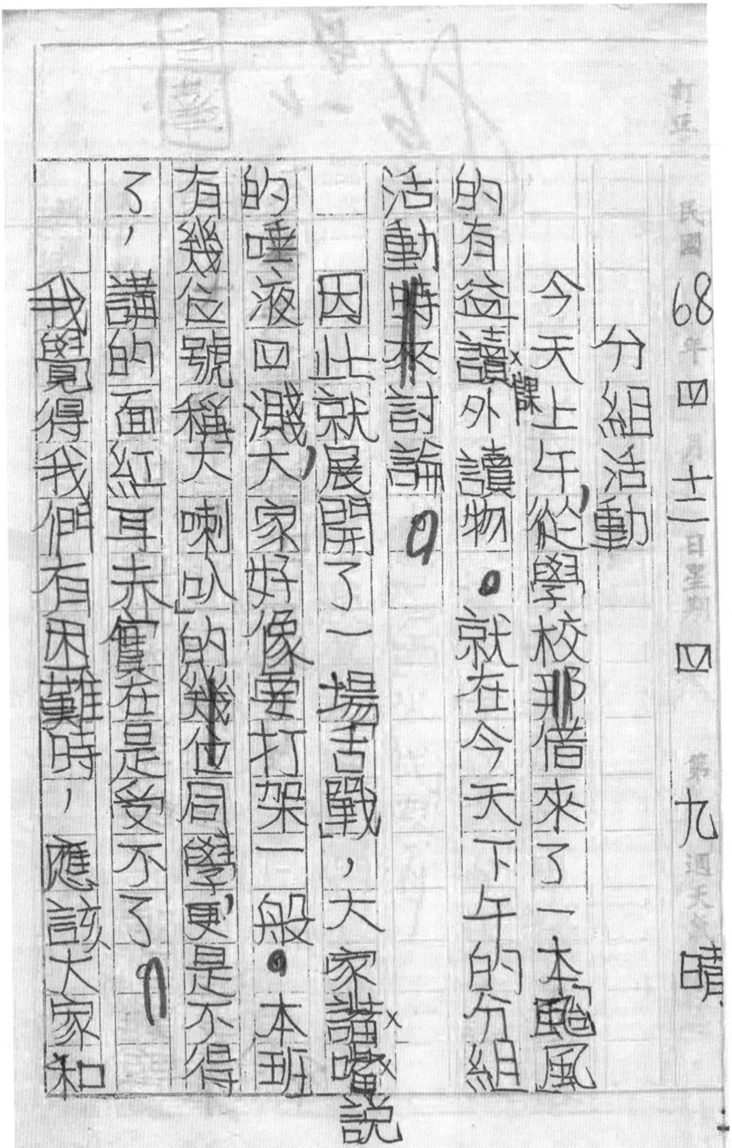

民國68年四月十二日星期四　第九週天氣晴

分組活動

今天上午，從學校那借來了一本「颱風」的有益課外讀物。就在今天下午的分組活動時來討論。

因此就展開了一場「舌戰」，大家講嘴說的唾液四濺，大家好像要打架一般。本班有幾位號稱「大喇叭」的幾位同學，更是不得了，講的面紅耳赤，實在是受不了。

我覺得我們有困難時，應該大家知

合達

和氣氣的來好好的討論。遇到難題
時，大家和力求出正確的答案。這才達
到真真正討論的目的。

訂正 民國 年 月 日 星期 第 週 天氣

第十五章 迎向快速變動的ＡＩ時代，替未來做好準備

這幾年ＡＩ成爲顯學，做爲教育工作者，自然會被問及如何幫助年輕學子做好進入ＡＩ時代的準備。對我來說，未來充滿太多不確定，ＡＩ只是其中一個可能性，但無論未來是什麼樣的時代，培養獨立思考的能力，是一個人面對不確定的未來最需要發展的能力。

獨立思考的能力不太可能在一夜之間養成，需要慢慢累積，一再訓練，學生進到大學或是研究所之後，如果教授不趁著學生還年輕的時候，就開始培養他們的這個能力，隨著其思維愈來愈固定，就會愈來愈難要求學生懂得如何獨立思考，缺乏獨立思考能力的研究生，未來很難成爲可以獨當一面的實驗室主持人

（Principal Investigator, PI）。

讓孩子做決定，才能學會獨立思考

很多東西都需要累積，我們會在這過程中對自己及周邊有更深入的了解，無論是生活、事業或學術等議題，透過一點一滴的累積，才會看得比較清楚，因爲是自己一步一步走出來的路。所以我認爲接受高等教育要學習的議題不該進了大學才從頭學，而是要很早就去培養。

我高中時爸媽就因爲工作搬到荷蘭，自此展開一個人的生活，雖然讀研究所時他們又調回美國住在芝加哥，但沒有要求住在華盛頓的我搬去同住，甚至每當我需要決定人生的下一步計畫時，也都不會干涉，總讓我按照自己的意願和需求去做決定，對他們來說，我已經是個獨立的成年人了。

一直以來，我都是走一步算一步，比較隨遇而安，現在也不太規劃長期人生目標，因爲變數實在太多，對我而言，如果規劃得太多、太遠，焦點可能只會放在已經規劃好的目標上，反而錯過身邊乍然出現的各種機會。

台灣不少大學生報考研究所並非對議題有興趣，想研究或進一步了解，而是不想太早面對職場這個未知數才念研究所，把這當成逃避的手段。

由於美國的學制從大學到碩士再到博士每階段都要重新申請，除了要準備很多資料，還要取得GRE、GMAT的成績，外國學生還要加考語文，而且研究所的學費通常很昂貴，許多學生必須在申請階段就找到願意接收的指導老師，或者更實際的說法，是找到有經費可以支應你學費和生活費的指導教授，所以美國的研究生通常都對研究問題帶有一定的熱情和興趣，否則實在沒必要讀研究所。

我在大學最後一年就打定主意要申請研究所，所以大四上學期開始準備GRE等項目，當時我認爲爸媽不太可能繼續支應我研究所的學費，接下來我必須完全經濟獨立，這也是我對自己的要求，那時候我除了著手準備申請文件、準備GRE考試，更重要的是找到願意收我的指導老師，以確保進入研究所之後，學費和生活費可以有著落。

當年爲了找到指導老師，我花費很多心力查出美國設有相關系所的大學，硬著頭皮一一聯絡可能適合的老師。那時候還沒有網路，只能靠寫信、打電話，或是尋問大學系上熟識的老師相關資訊，每當老師說某一所大學裡有從事生物材料方面相關研究且評價不錯的教授，就會去圖書館找出教授發表過的論文好好拜讀，然後才敢寄出自我介紹的信件給對方。寄出信件之後，要是遲遲沒等到回應，要不就此作罷，否則就只能硬著頭皮打電話給對方，希望能有談話的機會。

這種溝通方式對我來說像一場探險，事先必須做很多心理建設，除了要找到理由說服自己，也要弄清楚教授的研究主題是否符合我想研究的範疇，想明白之後，確認非常渴望成爲該教授旗下的研究生，我才會眞正行動。

我有點害羞，要打電話對全然陌生的老師介紹自己，其實是一個不太容易的過程，至今還記得每次撥通電話前的緊張，只是雖然充滿不安，爲了尋找合適的機會，還是硬著頭皮撥通電話，但其中的掙扎也讓我想得更清楚，確定自己眞的渴望繼續攻讀研究所。

人對於輕易就能得到的東西，因爲少了探索、爭取的過程，往往不太懂得珍惜，只有當一項事物得來不易，甚至得花很多時間和力氣才能夠得到，才會被好好珍惜。幸好我最終找到合適的指導教授願意收我，讓我得以進入研究所就讀，也很慶幸讀碩士時，找到符合志趣的研究方向，所以碩士畢業後，我決定繼續攻讀博士。

可怕的碩士論文口試經驗

不過我的碩士論文口試經驗很可怕，甚至可以說是這輩子最緊張的一天，讓我印象深刻，難以忘記。至今我還清楚記得在那個沒有窗戶、小小的教室裡，我穿西裝打領帶，渾身大汗，非常狼狽的感覺。

我的碩士論文花了上百個小時才完成，當時還沒有電腦，所有內容要用打字機一個字一個字打在紙上，就連照片也是沖洗出來的，圖表則是手繪製作。那個年代沒有PowerPoint，做簡報是把一頁一頁報告，印到透明塑膠投影片上，然後再把投影片放到投影機，才能投射到布幕上。

投影機是一台笨重又不斷發出熱風的機器，讓人站在旁邊很快就滿身大汗。投影時必須熄滅室內燈光才能看得清楚布幕上的內容，暗室也使得投影機發出的光線格外刺眼。

記得四、五位口試委員一臉嚴肅坐在我面前，雖然事先我已經再三演練報告內容，但根本無法預期口試委員會提出什麼問題，指導教授和學長姊提醒我到時候要自信的回答，又說如果真的被問倒，就要誠懇告知。

年輕的我既緊張又不安，擔心萬一當場被問倒，不確定到底是要表現得很聰明，有問必答，還是承認自己只是碩士生，還有很多不足的地方，這其中的分寸拿捏對我來說實在很困難。

當時我真的很緊張，腦子一直想著：「不要講錯話。啊！我應該講這個！啊！我是不是漏掉這個了……。」一堆念頭在腦子裡轉來轉去，很多時候我看著口試委員對我講話，但他們到底說了什麼卻一句都聽不進去，只覺得投影機的燈好亮、好刺眼。好不容易捱到口試結束，腦海中留下的口試印象是很熱、很亮、很緊張和很不舒服的感覺。

雖然我碩士口試的經驗很糟糕，但確實對研究的主題很有興趣，也覺得是滿有發展潛力的研究議題，包括杜邦（DuPont）這樣的大公司，還有很多其他企業，都開始關注跟我研究相關的議題，再加上我的指導教授有很充足的研究經費，非常歡迎我繼續留在實驗室，我也就不急著去業界找工作，拿到碩士學位後，決定留下來繼續修讀博士學位。

一九九〇年代有很多針對醫療植入物的研究，我的研究主要關於醫療器材的材料置入人體之後的反應。當時有些材料置入人體內一陣子後，會產生分離現象，甚至影響患者的免疫力，或引起慢性炎症，因此造成不少醫療糾紛。

我的研究內容和實驗設計如果能解決這個問題，可以爲產業帶來很大的正面影響，加上醫學器材牽涉到的不只科技呈現或產品商業化，包括法律、應用、生產，甚至對終端使用者的人生都可能造成巨大影響，背後帶來的短、中、長期效應非常深遠，這麼一想，就讓我覺得非常有意思。

不追求標準答案，才有機會鍛鍊並培養獨立思考的能力

記得讀研究所時，指導教授給了我一些指引，讓我了解爲什麼材料放進身體一段時間後會被腐蝕。雖然當時已經發現「巨噬細胞」（macrophage）的存在，但還需要進一步證實究竟是不是身體分泌某些蛋白質與外來的水或氧氣結合才會產生這些效應，所以後續我設計了一些實驗，藉以更深入了解成因。

生物本來就是很多物質串連在一起的結果，不是一加一等於二這麼直接單純的關係，而是很多細胞和不同蛋白質經由各種微小分子相互作用產生的結果，對我來說，這好像是「六度分隔」的另一種變形。

當年我的實驗主要試著透過某個生物材料，去引發相應的各種變化，結果發現這些微小分子除了受生物材料影響，彼此之間也可能互相影響與溝通，比較像是一個關係網絡，所以從整個系統來看，很難歸納出單一的答案。

也因此在設計相關研究時，需要控制一些變項，打造一個控制組，才能比對出其中的不同。這當中有很多未知數是可以衡量、量化，進而知道彼此之間的關係，我的指導教授給了很大空間，讓我發展及提出自己的想法，包括這個實驗要怎麼設計。

這些訓練對我日後申請美國國家衛生院的博士後計畫有很大的幫助，因爲這項申請並沒有列出具體審查項目，既沒有規定要在ＳＣＩ期刊上發表多少篇論文，也沒有要求任何具體指標，從頭到尾只要申請者自行構思，提出一個涵蓋研究問題、目的、假設、方法和結論的完整計畫書，進而試著找出答案。整個流程都由申請者自行設計與規劃，一旦通過計畫，將可以獲得美國國家衛生院提供的研究經費，不過還需要找到合適的實驗室，向主持實驗室的教授申請擔任博士後，好借用教授的實驗室從事自己提出的專案研究計畫。

正因爲研究所期間指導教授從不要我追求標準答案，而是給我很大的空間去摸索和嘗試，所以過程中我有機會鍛鍊並培養自己獨立思考的能力，也是這樣的訓練，日後我申請博士後研究時，對於沒有任何具體標準，讓我自行尋找問題、自行設計實驗的做法，不會感到慌張或沒有方向，反而認爲這樣的機制非常好。

從天寒地凍的克里夫蘭，到溫暖怡人的加州

最終美國國家衛生院提供我兩年多的研究經費，我也順利找到加州理工學院的實驗室，獲得主持該實驗室教授的許可，成爲那裡的博士後，而且這位教授還是備受看好的未來之星。

我就讀的研究所位於克里夫蘭的凱斯西儲大學，地處五大湖區，冬季西北風一吹，湖面水蒸汽被帶上來立刻凝結成冰，剛好就落在克里夫蘭，算是迎風湖景第一排，冬天眞的冷到令人絕望。

學生沒有停車位，美國也沒什麼公車，當時我出入都騎腳踏車，從住處騎到學校差不多要十幾二十分鐘，冬天出門時，都把自己包得像愛斯基摩人，但眼睛沒辦法蓋，只要一走出門，眼睫毛馬上結冰，睜開眼睛不但費力而且還很痛，跟

住在冷凍庫裡沒兩樣，加上寒風刺骨會讓全身痠痛不舒服，實在很難受。

因此當我知道可以從冷得要命的克里夫蘭搬到氣候溫暖怡人的加州，光是想像陽光、海灘、棕櫚樹……，就嚮往不已，再加上有機會離好萊塢那麼近，年輕的我不免開始幻想自己的人生是不是進階了。何況升到博士後，我的月收入從七百美元一下子升到一千美元，心裡忍不住竊喜：「哇！四位數耶，我已經晉升爲有四位數收入的人了！」根本沒想到加州的物價那麼高，實際到了當地生活，完全沒有想像中那麼美好。

我從克里夫蘭開著那台古董級老爺車，把衣服、書籍、唱片等家當全部塞進這台白色福斯掀背 Golf，就連腳踏車也掛在車外，一路嘰嘰嘰跟著我到了加州。整個行程好像花了一個多星期，那時候眞的太窮，沒辦法時常替車子換機油，所以老爺車不時冒出怪聲，連續開太久還會冒煙，我得三不五時停在半路休息，以免車子拋錨。

加州的有錢人很多，路上到處可見高級名車，我的車子不但老舊，車牌掛的還是中西部鳥不生蛋的「ＯＨＩＯ」（俄亥俄州），一看就是鄉下土包子來到大都市，無論是人還是車，都跟摩登城市很不搭，但當時我只覺得加州的一切都好新鮮迷人，根本不在意自己是不是很突兀，對即將展開的加州生活充滿期待！

到了加州之後，我開始尋找住所，最終選定的公寓，我第一眼就很喜歡，因爲從寢室的窗戶望出去有一棵棕櫚樹，想到每天一早張開眼睛看到的就是這棵棕櫚樹，忍不住覺得好像在夏威夷度假，雖然有點過於幻想，但光是用想的就讓我心情很好。更別說騎腳踏車去實驗室的路上，氣候溫暖適中，跟在克里夫蘭時的天寒地凍完全不一樣。

當年在克里夫蘭騎的那台腳踏車一路跟著我去了加州，再到威斯康辛，然後越洋到香港，後來又跟我一起回台灣，如今我還每天騎著它去健身房，所以我對這台腳踏車眞的很有感情，它甚至比我生命中很多重要人物陪伴我的時間都還久。

沒有保障的研究所生活

只是到了加州才高興沒多久，博士後上班第一天進實驗室和教授碰面打過招呼後，他第三句話就說：「John，我不知道有沒有跟你說過，我要搬到蘇黎世了！」

我驚訝的「啊！」了一聲，還沒回過神來時，教授趕緊補上一句：「Don't

worry, it's not right away.」雖然可能是半年或一年後，但我還是忍不住擔心後續的研究會有變數，只是既然教授都已經決定了，我也只能接受。

美國大學的博士生多數都很樂意擔任助教，因爲系所會撥款支付講師費。對博士生而言，這無疑是賺取學費和生活費的好機會，在美國的博士生能被選中當助教簡直就算是一種特權，只不過助教是一學期、一學期的聘雇，這個學期當助教，未必下學期還是。但或許就是美國大學很少向學生長期保證什麼，總是走一步算一步，所以也間接鍛鍊了學生自力更生的能力。

我當研究生時，大家的生活都很拮据，絕大多數的研究生都要懂得控管預算，現在有收入下學期不保證還有，加上寒暑假沒有上課，收入自然跟著減少，除非教授申請計畫時有把你編列爲研究助理，才會有固定收入，不必和同學搶著當助教。但這種機會也是可遇不可求，何況美國大學申請計畫的競爭往往很激烈，雖然有很多資源可以申請，但等著分食的人也非常多。

所以美國很多研究生讀書時得半工半讀，一半自費、一半貸款，拼拼湊湊才能完成學業，這也是爲什麼在美國念研究所，一定要眞正對研究主題有熱情，畢竟過程很辛苦，要上課、要教課、要做實驗、又要寫論文，就算畢業也不保證一定能找到工作，如果不是眞正喜歡做研究，實在很難熬下去。

正因如此，我感覺美國的研究生出發點與絕大多數我在歐洲、台灣、香港或日本等其他國家看到的很不一樣，在美國讀研究所的學生的確比較主動，自我管理的能力也比較高，不過美國的研究生有很多外國人，所以也不能說是美國人的關係。

美國的教授涉入學生研究細節的程度比較少，學生的研究議題有比較大的探索空間，而且日常生活沒有保障，學生只能想辦法顧好自己，畢業之後求職也都要靠自己從頭開始。

同爲研究所畢業的年輕人，會因爲在比較安逸和比較有危機感的不同環境中學習，產生兩種截然不同的鍛鍊和經歷，培養出能力很不一樣的人，日後在個人的學術研究或職涯發展也會產生不同的效應。

在不同國度體驗到不同的思考邏輯和做事方法

進到博士後階段，意味著我有機會近一步了解學術圈，雖然因爲我是借用他人的實驗室，還不到完全獨立，但至少開始有自己的經費預算要管理，也需要與其他學生互動，加上又是博士後，也得指導一些新的研究生，過程中我跟著愈來愈清楚自己適不適合走學術圈。

後來主持實驗室的教授果然搬到蘇黎世，我也跟著去了一年，那也是很難得的寶貴經驗，讓我有機會親身經歷並學習如何從無到有打造一間實驗室。

蘇黎世當地人多使用德語，但英語卻講得不太好，反之我們對德語的了解也很有限，所以經常只能用爛英語和爛德語互相溝通。

瑞士人的做事方式跟美國人很不一樣，比如說做實驗需要二氧化碳，因爲二氧化碳並不是危險材料，在美國就直接領取，拿幾根管子接一接就可以，但瑞士人不是這樣子做事。

當我提出需要二氧化碳時，對方雖然回答「OK」，但我得正式提出計畫申請，印象中差不多要一、兩個月才能拿到二氧化碳。提供二氧化碳的是看起來非常精密的控制台，掛在室驗室牆上，每次使用都必須記錄，以隨時掌握用量。

一開始我眞的有點吃驚，心想：「哇！瑞士果然有很精密的控制系統啊！」雖然有點麻煩，但親自見證不同的地方有不同的工作程序，有各自的做事方式，對我而言也是很珍貴的體驗，尤其當年根本不知道自己之後會到哪裡工作，這些經驗也許哪天會派上用場。

我在蘇黎世待了一年多，沒想到等我要離開時，爸媽正好被調派到蘇黎世，只可惜很不湊巧的前後錯過，幸好我還在蘇黎世時，爸媽有來看我，我們一起去參觀了蘇黎世幾個景點。

我不是從小就立志要當教授的，因爲找到研究興趣一直讀到博士，獲得美國國家衛生院的博士後計畫才對未來有比較具體的想像。這個計畫希望培養有意朝學術圈發展的年輕博士畢業生，幫助他們成爲獨立的實驗室主持人，有朝一日擔任可以獨當一面的大學教授，所以我也是在取得美國國家衛生院博士後計畫，才將進入大學院校擔任教職當成人生的職涯選擇。

做好眼前能做的事情就好了

很多人問我，未來是什麼樣子？未來世界需要什麼樣的人才？現今有很多人把ＡＩ看成幾乎等同於未來的代名詞，一方面期待ＡＩ的發展，另一方面憂心

ＡＩ可能帶來的負面影響，特別是工作會不會被ＡＩ取代的問題。太多對未來的憂慮，彷彿未來已經成型，一切似乎早已定案，我們只能想著該怎麼去配合，好避免被淘汰。

事實並非如此。

也許我們現在正處於時代交接的關卡，可能就要進入一個新世代，或者說知識體系開始產生變化，下一個新階段或新循環即將展開，所有正在學習成長的年輕人在建構自我的知識體系時，的確會有很多不安和困惑。

事實上，人類歷史從石器時代、青銅器時代……，一路發展到現代，本來就充滿各式各樣的變革，如果跳脫人類歷史，更早還有恐龍存活的侏羅紀、三疊紀等，我們根本沒辦法確知未來會是什麼樣的時代，就好像二〇二〇年之前，根本沒人知道 COVID-19 會顚覆全世界。假設眞的有時光機，讓時間倒轉回到疫情暴發前的一個月，就算有人預告一個月後大半個地球會因爲一個病毒而停擺，也沒有人會相信。

未來永遠都在未來，明天也是未來，一個小時之後也是未來，我們完全不會知道下一分鐘要發生什麼事，因爲未來還沒有成形，迎接未來的最好準備就是著眼在此刻、當下、現在可以做的事，盡力把事情做好。

其實未來就是我們想要看到的現在，所以實在不必也不應該抱持對未來的恐懼，而忽略了現在。因此，當ＡＩ發展熱烈到很多人將其當成唯一的未來，甚至把自己的未來限縮在迎接ＡＩ的到來，其實是倒果爲因，顚倒了順序。

今天ＡＩ很熱門，說不定明天就被其他更厲害的科技替代。既然未來就是現在的建構，如果你對ＡＩ有興趣，相信這是很有潛力、很好的工具，可以應用在未來世界，那就好好去累積培養相關的知識和技能，但如果你不認爲未來一定是ＡＩ的世界，這個世界也還有無限多的其他面向，值得發展和探索，日後說不定會發明出比ＡＩ更厲害的工具，這是現在誰也說不準的事。

不要一直擔心未來會是什麼樣子，未來不是搭捷運就可以抵達的終點站，事實上，未來根本還不存在，只有聚焦當下才是眞正可以做、也應該要做的事。

過去已經發生，沒辦法改變；未來還沒發生，所以沒人知道明天會是什麼樣子，與其一直想著未來而不知道如何是好，不如看清楚自己在現實生活中可以做什麼，把精力和心思用來做好眼前可以做的事。

人生的瞬間變化是長期的累積

活在當下，不要一直想著未來，這樣的觀點聽起來似乎很消極，但是今天種下一顆種子未必能直接收穫果實，過程可能有更多不知道或沒預期到的事情會突然冒出來。因此面對不可預期的一切時，不妨抱持比較開放的態度，學著平和看待，那麼就算未來再怎麼不確定，也不至於產生強烈的恐懼。

人生的變化往往是一瞬間的事，但一瞬間的變化，卻又經常是日積月累的結果。我們一定都曾經回頭去看以前做的一些小事，赫然發現竟然有如此深遠的意義，尤其是看到那麼多人事物可能一夕風雲變色，就應該常常提醒自己不需要那麼執著，沒什麼非得如此不可。練習不要太顧慮當下的缺乏，也不對未來總是充滿憂心，就去做好自己現在可以做的事，或許才是面對未來最務實的方法。

這幾年每次看到爺爺當年寫給我的郵簡、爸媽寄來的信或是小姑姑送我的卡片等，就想到那個時候打越洋電話那麼貴，又沒有電子郵件，更沒有社群軟體，一切都那麼局限，可是在那樣的局限當中，我們還是可以做些什麼，就像這些家書，是家人們手寫在紙上，貼上郵票，投入郵筒，再經由很多人的協助，才能飄洋過海送到我手上，這麼不容易才送達，顯得背後的心意那麼可貴。如今我無論住在何處，這些信件總是跟著我從一個國家到另一個國家，成為我生命中很珍貴的資產。

今天不管我們站在什麼位置，盡力做好分內的事，發揮最大的影響力，就算時間不長，只要盡力就已經很足夠、很好了，就像我擔任清華校長，最長也就是兩個任期，頂多八年，期間我能做的事情就算影響不是即時的，也不表示我的努力沒有意義。

很多時候我們的付出好像住進一棟房子，在其中待久了就會覺得一切普通到不行，察覺不出這棟房子有什麼特別，但是當有一天離開了，也許才能體會它在我們生命中的意義。這也是爲什麼我總是告訴自己，不要想著去做未來會需要的事，而是把現在所能做的、該做的事情做好，因爲未來就是現在的累積。

永遠不要追求沒有問題的人生

我一直認爲人生就是一個又一個問題串連起來的過程，無論是過去、現在或未來，我們總是在解決或回應各式各樣、大大小小的問題，問題本身是中性的，沒有負面涵意，一個問題的出現，究竟會帶來正面或負面的體驗，通常是看我們怎麼回應，很多時候，問題的發生正是讓我們探索與發展自我的契機。

問題沒有止息的一天，永遠不要把力氣花在追求沒有問題的人生，那樣的人生並不存在，也不值得追求。身爲人，一輩子都會有回答不完的問題，問題總是一個接一個的發生，甚至一次就來好幾個，但也正是因爲這樣，我們的生命就在處理一個又一個的問題中成長，生命的意義也變得更豐富。

所以我認爲接受高等教育最重要的就是認識自己，找到想做、能做、也該做的事，特別是大學生應該給自己空間和時間，把線放長一點，不要局限自己，也不要用外界的成功定義來框限自己。就算全世界所有人都說成功就是賺大錢、取得傲人的頭銜，也不代表我們只能朝著這樣的目標來打造自己的人生。

一個人只有深刻了解自己，跟自己維持和諧的關係，才有機會讓天賦與能力得到最大的發揮，一旦能夠做到這樣，無論過程再辛苦，最終內在都會因此獲得眞正的快樂與平靜。

我相信每個人最核心的需求都一樣，除了基本的溫飽安全和人與人之間的互動和諧，更重要的，或許是找到自己、成就自己、和完善自己的人生。

然而個人的背後是群體，是社會，儘管每個人做出的選擇、對應世界的方式及解決問題的能力不同，只要能夠互相尊重、互相包容，往往就會發現我們和世界上的任何人都不是那麼陌生，也不該是敵對狀態。從一度到六度的層層分隔只是相對的，不是絕對的。

個體與個體之間有著千絲萬縷的關聯，個體做的一切必然牽動背後的群體和社會。每個人擁有的能力不同，可以做到的事情也不同，所以最有效的方式是讓每個人能夠有機會好好認識自己、成爲自己，盡最大可能去發揮自己的能力，各司其職、各盡其力，解決世界的各種問題，這就是人類社會得以順利運轉的基本邏輯。

祝願你們都能找到屬於自己的一輩子的問題。

總結

1 有獨立思考能力的人，不會追求標準答案。
2 真正讓人珍惜的事物，往往是努力爭取的結果。
3 把眼前能做的、該做的事情盡力做好，就是在替未來做準備。
4 沒有問題的人生不值得追求，也不存在。
5 世界上一定有某個問題，只有我才能解決。

校長週記

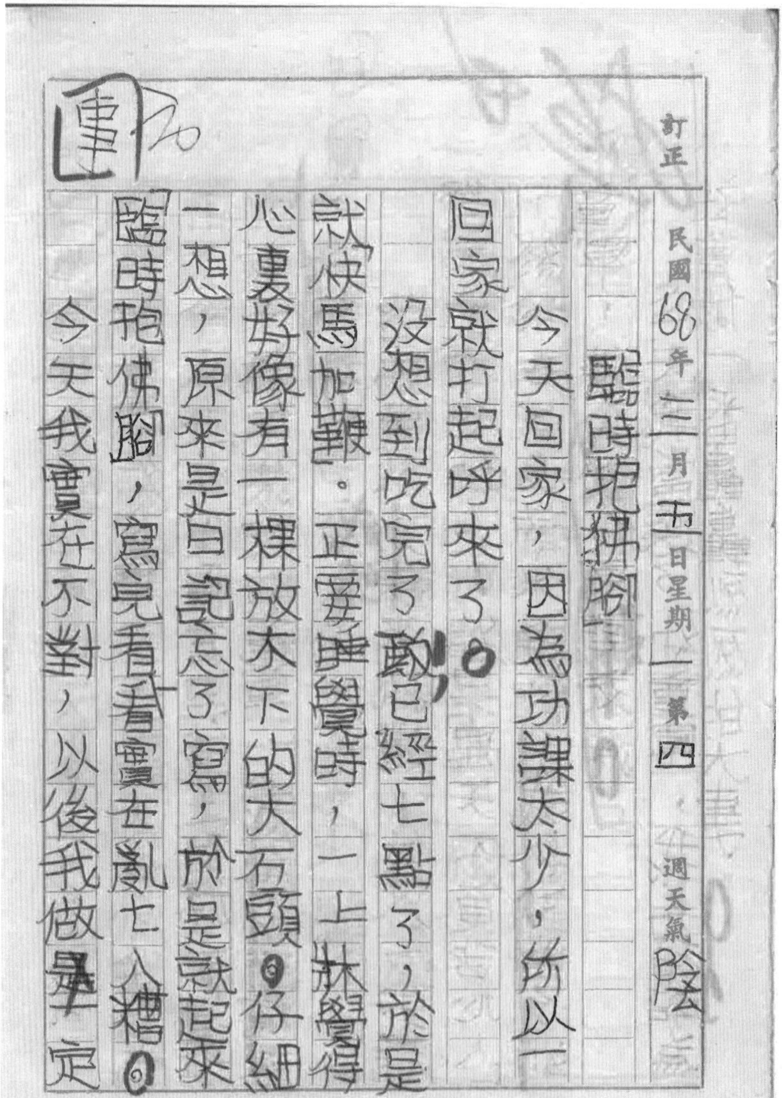
訂正

民國68年三月五日星期一　第四週　天氣陰

臨時抱佛腳

今天回家，因為功課太少，所以一回家就打起呼來了。沒想到吃完了飯已經七點了，於是就快馬加鞭。正要睡覺時，一上牀覺得心裏好像有一棵放不下的大石頭。仔細一想，原來是日記忘了寫，於是就起來臨時抱佛腳，寫完看看實在亂七八糟。今天我實在不對，以後我做事一定

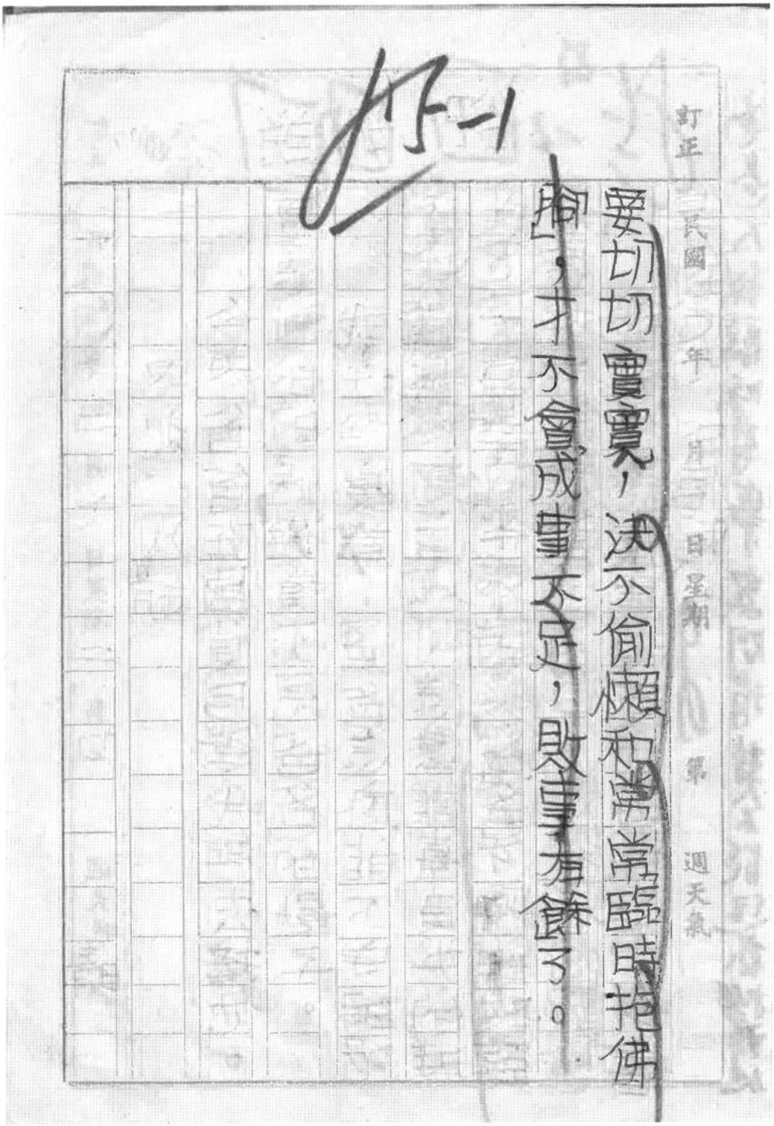
15-1

訂正　民國　年　月　日　星期　第　週　天氣

要切切實實，決不偷懶和常常臨時抱佛腳，才不會成事不足，敗事有餘了。

國家圖書館出版品預行編目（CIP）資料

一輩子的問題：清華校長高為元與你一起談生命的關鍵轉折／高為元著 . -- 第一版 . -- 臺北市：遠見天下文化出版股份有限公司，2024.11
面；　公分 . --（社會人文；BGB599）
ISBN 978-626-417-030-7（平裝）

1. CST：自我實現　2. CST：生活指導

177.2　　113016225

社會人文 BGB599

一輩子的問題

清華校長高為元
與你一起談生命的關鍵轉折

作者 — 高為元
文字協力 — 廖慧君

副社長兼總編輯 — 吳佩穎
資深主編 — 陳怡琳
責任編輯 — 許景理
美術設計 — BIANCO TSAI（特約）
內頁排版 — 張靜怡（特約）

出版者 — 遠見天下文化出版股份有限公司
創辦人 — 高希均、王力行
遠見・天下文化 事業群榮譽董事長 — 高希均
遠見・天下文化 事業群董事長 — 王力行
天下文化社長 — 王力行
天下文化總經理 — 鄧瑋羚
國際事務開發部兼版權中心總監 — 潘欣
法律顧問 — 理律法律事務所陳長文律師
著作權顧問 — 魏啟翔律師
地址 — 台北市 104 松江路 93 巷 1 號

讀者服務專線 — (02) 2662-0012 ｜傳真 — (02) 2662-0007；(02) 2662-0009
電子郵件信箱 — cwpc@cwgv.com.tw
直接郵撥帳號 — 1326703-6 號　遠見天下文化出版股份有限公司

製版廠 — 東豪印刷事業有限公司
印刷廠 — 家佑實業股份有限公司
裝訂廠 — 台興印刷裝訂股份有限公司
登記證 — 局版台業字第 2517 號
總經銷 — 大和書報圖書股份有限公司 電話／ (02) 8990-2588
出版日期 — 2024 年 11 月 29 日第一版第 1 次印行
2025 年 8 月 21 日第一版第 3 次印行

定價 — NT 420 元
ISBN — 978-626-417-030-7
EISBN — 9786264170277（EPUB）；9786264170260（PDF）
書號 — BGB 599
天下文化官網 — bookzone.cwgv.com.tw